U0935362

珍藏本

纪念版

汉译世界学术名著丛书

人和公民的自然法义务

〔德〕塞缪尔·普芬道夫 著

鞠成伟 译

商務印書館
SINCE 1897
The Commercial Press

2017年·北京

Samuel Pufendorf
ON THE DUTY OF MAN AND CITIZEN ACCORDING TO NATURAL LAW

本书根据剑桥大学出版社 1991 年版译出

汉译世界学术名著丛书
（120 年纪念版 · 珍藏本）
出 版 说 明

2017 年 2 月 11 日，商务印书馆迎来 120 岁的生日。120 年前，商务印书馆前贤怀揣文化救国的理想，抱持“昌明教育，开启民智”的使命，立足本土，放眼寰宇，以出版为津梁，沟通中西，为中国、为世界提供最富智慧的思想文化成果。无论世事白云苍狗，潮流左右激荡，甚至战火硝烟弥漫，始终践行学术报国之志，无改初心。

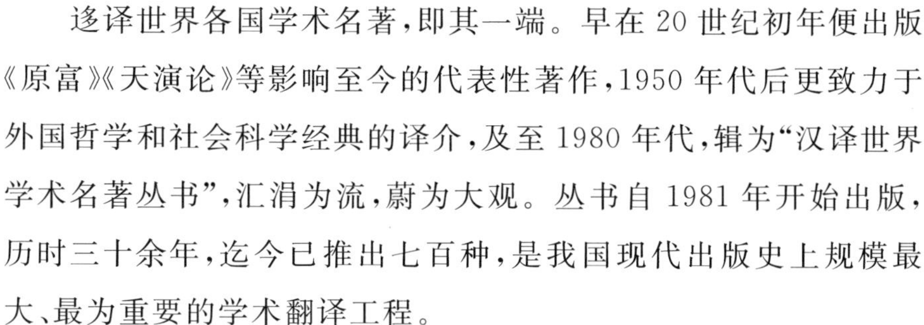

迻译世界各国学术名著，即其一端。早在 20 世纪初年便出版《原富》《天演论》等影响至今的代表性著作，1950 年代后更致力于外国哲学和社会科学经典的译介，及至 1980 年代，辑为“汉译世界学术名著丛书”，汇涓为流，蔚为大观。丛书自 1981 年开始出版，历时三十余年，迄今已推出七百种，是我国现代出版史上规模最大、最为重要的学术翻译工程。

丛书所选之书，立场观点不囿于一派，学科领域不限于一门，皆为文明开启以来，各时代、各国家、各民族的思想与文化精粹，代表着人类已经到达过的精神境界。丛书系统译介世界学术经典，引领时代思想，为本土原创学术的发展提供丰富的文化滋养，为推动中国现代学术和现代化进程做出了突出的贡献。

为纪念商务印书馆成立120周年，我们整体推出“汉译世界学术名著丛书”120年纪念版的珍藏本，寄望既利于文化积累，又便于研读查考，同时向长期支持丛书出版的译者、编者和读者致以敬意。

两甲子后的今天，商务印书馆又站在了一个新的历史时间节点上。我们不仅要铭记先辈的身影和足迹，更须让我们的步伐充满新的时代精神。这是商务人代代相传的事业，更是与国家和民族的命运始终紧密相连的事业。我们责无旁贷，必须做好我们这代人的传承与创造，让我们的努力和成果不仅凝聚成民族文化的记忆，还能成为后来人可以接续的事业。唯此，才能不负前贤，无愧来者。

商务印书馆编辑部

2017年10月

目　　录

第　一　卷

第　二　卷

英文版编者导言

詹姆斯·图利*

一　概述

如附录年表所示，普芬道夫的作品可以分为三类。[①] 在第一类作品中，他试图以普遍原则或自然法为基础，构建一种适合近代欧洲情形的综合性政治和道德哲学。他在耶拿大学启动这一计划，成果反映在他于1658—1677年间写的几部著述之中：三部自然法著作（*EJU*，*DJN*，*DOH*）**；对德意志帝国宪法的分析（*DSI*）；澄清作品并回应批评者的三部论文集（*DAS*，*SC*，*ES*）。这篇导言的后面四节内容就是对他这一计划的述评。

当普芬道夫1677年从隆德大学转到斯德哥尔摩做瑞典国王

* 詹姆斯·图利（James Tully），剑桥大学哲学博士，加拿大维多利亚大学政治学、法学、哲学教授，加拿大皇家学会会员。研究领域包括政治哲学、政治哲学史、宪政理论等。——译者注

① 需要指出的是，用非男性至上主义者的语言介绍普芬道夫的理论会掩盖他的性别偏见。所以，我使用“男人”和男性代词是为了表明，在他的理论中，政治排除了女人，女人处于社会从属地位。这样做也便于批判。

** 普芬道夫著作原文书名缩写，全称见本书第229—232页普芬道夫主要作品及其缩写。下同。——译者注

查尔斯十一世政务咨议员的时候，他把用普遍法和义务对政治进行法理分析的方法撇在了一边，转而采用17世纪占主流的方法理解政治。这种方法通过对国家利益和相关势力进行比较性和历史性的分析，透视当前欧洲国家的内部关系和外部关系，以为国家的缔造者们提供预测和建议。从《国家理由》(*Reason of State*)撰写人乔瓦尼·博特罗(Giovanni Botero)(1540—1617)到早期西班牙和法国的《国家理由》作者，这种分析形式很快就发展成为比较政治和国际关系的泛欧洲科学。其研究对象包括30年战争(1618—1648)与威斯特伐利亚和平协议(1648)之后出现的将国家拖入军事和商业敌对困境的现代国家制度。普芬道夫在这方面的作品有：《马其顿王菲利普的早期历史》(*DRGP*)，《天主教政治史》(*HUP*)，为查尔斯十一世、1688年之后又为普鲁士的弗里德里希·威廉一世和弗里德里希三世写作的《当代政治史》(*CRS*, *DRC*, *DRF*, *DRGF*)。尤其是《欧洲主要国家历史导论》(*EZDH*)，该书对国家利益和相关势力界定严格，构思全面，在整个18世纪一再重印。其法文版编者为其增加了部分章节，使其成为了比较政治学启蒙百科全书的原型。

奥格斯堡和平协议(the Peace of Augsburg)(1555)之后，普芬道夫认识到了基督教内部的信仰多样性。因此在第三组作品中，他试图阐明：在新教国家中宗教应从属于政治。著述这些作品是对以下形势的回应：南特敕令(Edict of Nantes)被撤销(1685)；欧洲随之分化为由法国领导的天主教集团和由新兴的新教霸主、普鲁士的弗里德里希·威廉领导的新教联盟两个集团。这些作品包括*DHR*(《从政治生活出发论宗教的本质》)，*JFD*(《立约之法，或曰新教徒的共识与分歧》)，以及在 *DRGF*(《勃兰登堡大选帝侯弗里德里希·威廉三世史》)中对 1688 年光荣革命的评注。新教领导人察觉到：法国打算，而且也正在成功地实现对新教改革的颠覆，并试图建立一个欧洲君主帝国。奥兰治亲王威廉(William of Orange)为将英格兰带入新教阵营，于 1688 年征服了英格兰。新教阵营随后发动了九年战争(1689—1698)，这是为称霸欧洲而进行的 74 年军事和贸易竞争的首场战役。由此，作为新教事业的最主要体现，普芬道夫关于组织和捍卫新教的作品获得了广泛的认可。

在人生的最后 18 年，普芬道夫是三位统治者的谋士。这些统治者成功而现代，被看成是新教国家的缔造者和启蒙专制主义的表率者。普芬道夫的作品由此也被认为是国家中心式现代政治实践的哲学表达。(政治和哲学的)这种关联有助于提高作品因学术价值而迅速获得的声誉，并有助于奠定这些作品在下一世纪欧洲政治反思中的核心地位。

普芬道夫的复杂思想在其生前和启蒙运动时在欧洲学术界所引起的关注程度可以通过以下事实得到衡量：约翰·洛克(John Locke，1632—1704)、戈特弗里德·威廉·莱布尼茨(Gottfried Wilhelm Leibniz，1646—1716)、詹巴蒂斯塔·维柯(Giambattista Vico，1668—1744)、格肖姆·卡迈克尔(Gershom Carmichael，1672—1729)、克里斯蒂安·沃尔夫(Christian Wolff，1679—1754)、弗兰西斯·哈奇森(Francis Hutcheson，1694—1746)、大卫·休谟(David Hume，1711—1776)、让·雅克·卢梭(Jean-Jacques Rousseau，1712—1778)和亚当·斯密(Adam Smith，1723—1790)都劳神竭

虑地回应他。而且，这些在现在听来比他出名的挑战者和批判者们在他们的批评过程中也接受了他思想的其他某些线索，因此也就把它们编织进了现代政治思想之网。

二　普芬道夫的计划

普芬道夫的自然法理论主要是对哪些问题的回应呢？在《论自然法科学的起源和发展》（在 *ES* 的 *SC* 中）一文中，普芬道夫将其理论置于胡果·格老秀斯（Hugo Grotius，1583—1645）、约翰·塞尔登（John Selden，1585—1654）、托马斯·霍布斯（Thomas Hobbes，1588—1679）和理查德·坎伯兰（Richard Cumberland，1631—1718）的写作脉络之中。编辑、注释并把 *DJN* 和 *DOH* 译成法文的让·巴比拉克（Jean Barbeyrac，1644—1720）写作了“对道德科学的历史性和批判性陈述”一文，并将其作为 *DJN* 1706 年译本的序言。在该文中，巴比拉克将约翰·洛克也列入了普芬道夫的批判者名单（Barbeyrac，1729）。晚近的有些学者将这些作家（及他们的学说）称为“现代自然法学派（理论）”，并从自然法学共同的问题出发诠释普芬道夫的理论。他们还辩称，这一学派所提出的问题及其解决方案为卢梭、休谟、斯密、康德（Immanuel Kant，1724—1804）及其之前的德国哲学家提供了基本的论述背景。另外一些人则认为，约翰·罗尔斯（John Rawls）和尤尔根·哈贝马斯（Jurgen Habermas）的契约论或正义论哲学仍然处于这一学派所铺就的绵绵传统之内（见后附“参考文献注释”）。

尽管学术脉络复杂，很难在此充分概述，但简要提及这一学派

作家所主要处理的三个问题，进而揭示普芬道夫的贡献还是可能的。首先，这一学派作家将自然法从亚里士多德主义和托马斯主义的自然概念中解脱出来。这一传统将自然理解为一个由内在目的倾向调整的目的王国。一般认为，伽利略（Galileo Galilei，1564—1642）、弗兰西斯·培根（Francis Bacon，1561—1626），以及与马兰·梅森（Merin Mersenne，1588—1648）同声和气的圈内哲学家霍布斯、皮埃尔·伽桑狄（Pierre Gassendi，1592—1655）和勒内·笛卡尔（René Descartes，1596—1650）对这一观点已有所驳斥。于是，新托马斯主义自然法道德和政治哲学——为在新教一边从事宗教改革的多明我会（Dominican）哲学家和菲利普·梅兰希顿（Philipp Melanchthon，1496—1540）的路德教会信徒所共享——也遭到削弱。新自然科学的哲学家们发展了一种新自然概念，他们将自然理解为一个由上帝意志推动的非目的论原子王国，一个由因果律支配的外在秩序。因此，自然法哲学家的任务就是使自然法与新的自然和人性的科学概念一致起来（Tully，1988）。

普芬道夫在*DJN*（《自然法和国家法（八卷）》）的开头部分和*DOH*（《人和公民的自然法义务（两卷）》）的第一卷第一章第2节中承担了这一任务。他指出，道德和政见是权威者（superior）将外在的道德戒律和法律施加在无序的人类行为（没有任何内在的道德品性）和人（没有任何对道德生活和政治生活的内在倾向）之上的结果（Laurent，1982；Schneewind，1987）。霍布斯和洛克都不同程度地相信这种道德非实在论（moral non-realism）的强制图景。不过，把这当成是“现代自然法学派”的确定特征容易将人引入歧途，因为这既不是现代自然法理论的充分条件，也不是其必要条件。与奥卡姆的威廉（William of Ockham）息息相关的意志论（voluntarist）自然法传统也具有这个特征，但却比“现代”学派早了300年。相反，在17世纪，一个反对自然法的学派虽认为自然科学的新型解释模式具有（有限的）有效性，但却认为，这一点无法削弱对人的目的论阐释。该学派继续坚持道德品性内在于物体之中的假定（道德实在论）。为了回应自然科学革命，莱布尼茨构建了现代新亚里士多德主义的自然法哲学，剑桥柏拉图主义者拉夫·卡德沃思（Ralph Cudworth，1617—1688）则建构了新柏拉图主义自然法哲学。他们辩称，对于梅森学圈（Mersenne's circle）发动的批判，他们的重建工作是无懈可击的。他们批判霍布斯和普芬道夫以新型的自然科学为模本还原道德和政治哲学，认为他们的理论是老意志论的延续（Leibniz，1698；Lee，1702；Cudworth，1731）。巴比拉克又站出来抵制莱布尼茨的批判，捍卫普芬道夫（Barbeyrac，1820）。

此外，如果将上述理论预设作为自然法学派的标识性特征，那么格老秀斯就不是其成员。可是普芬道夫、巴比拉克和他们的现代评论者都认他为鼻祖。是格老秀斯先于梅森学圈写作了《战争与和平法》（*On the Laws of War and Peace*）（1625）。此外，他首倡对人的性情论阐释，还提出了一种自然法实在论（natural law realism）。

另外两个问题的产生与政治实践中的一次决定性转变有关。普芬道夫所面对的实践情形是欧洲独特的政治格局。这一格局是始于宗教改革终于30年战争的宗教战争的结果。威斯特伐利亚和约是这种格局最为原始的权威性解释，从而也就为各种彼此竞争的理论提供了框架。和约确认了单一政治体内的宗教多元性（天主教、路德教、加尔文教）；授予了领土统治者在其控制范围内的最高政治权，削弱了地方阶层的权力；确认德意志帝国为各独立公侯国的联邦，它们具有有限的结盟权；它把欧洲刻画为独立政治权力实体的"均衡体"，通过统治者的结盟和偶尔的战争来保持自治性的均衡，这就将教皇和大帝这些冗余的泛欧洲老权威弃置一旁了。从这种复杂格局出发构建一种自然法理论既是一个宗教问题，也是一个政治问题。

与格老秀斯和霍布斯一样，普芬道夫认为由宗教分歧所导致的战争是不可调和的。因此，一种能够让所有欧洲人同意新政治秩序并能带来和平的新道德，应当独立于导致分裂的多元化宗教信条，并允许相互竞争的宗教信念和实践在道德框架下并存。这第二个问题的解决方案是从任何人都无法用理性质疑的两个前提中推导出一系列普遍的正义原则：一个是对所有人都适用的科学性重构状态，即"自然状态"；另一个是可进行经验性验证的状态，即自爱或自保（Seidler，1990）。前者可以使自然法摆脱对既存法典研究和亚里士多德主义出发点（公意）的依赖，从而可以摆脱米歇尔·德·蒙田（Michel de Montaigne，1533—1592）和皮埃尔·沙朗（Pierre Charron，1541—1603）的相对主义指责。后者则提供了一种所有人都可以接受的善（自我保存）——尽管人们对更高一级的善的秩序意见不一——从而可以避免将自然法的渊源和任何特定的宗教联系起来（Zurbuchen，1986）。

普芬道夫和巴比拉克洞悉到了格老秀斯理论中的这两个前

提,因而指认他为新的自然法学派之鼻祖。塔克(Tuck)和塞德勒(Seidler)强调了格老秀斯和普芬道夫的这两个共同点。不过他们之间的差异仍是不容否认的。格老秀斯将其理论奠基在斯多葛式前提之上:人具有为自身利益而热爱社会的内在性情。霍布斯在《论公民》中开宗明义地驳斥了这一前提(把它转化成为"间接自爱"),并以此为起点构建了新型的政治科学。普芬道夫也否认人对政治社会的这种目的论性情的存在(但他没有遵循霍布斯的选择)。普芬道夫哲学的这一特征——与此相伴的还有:他的与格老秀斯道德实在论相对的道德强加论;他把自然法限定在保存(preservation)上;他把自然法从宗教中分离出来——使得他的亚里士多德主义路德教派批评者们对其正统性地位争执不休。他们否认他和格老秀斯的亲缘性,将其称为霍布斯的追随者和无神论者。

第三个是政治性问题:在由这两个前提所推演出的自然法框架内,发展出一种关于稳固的独立政治社会或国家、统治者权威和臣民权利义务的理论。在下述问题上,由于写作背景的不同,现代自然法学派成员们的解决方案再次充满了分歧和矛盾。格老秀斯和霍布斯写作于30年战争期间。格老秀斯的目标是用法律约束和限制摧毁性战争,战后则以武力治理欧洲,将法治视为异常和附属性的事物。霍布斯则力求构建一个赢得忠诚的统一强国,以便能够终结恃强凌弱的暴乱。正是这些暴乱分裂了欧洲文明赖以存在的政治团结,将欧洲推入了一切人反对一切人的战争深渊。

威斯特伐利亚和约建立了使战争从属于政治的政治秩序,带来了格老秀斯和霍布斯所梦想过的普遍和平与稳定。普芬道夫这一代人是最早经历和反思这一现代政治安排——威斯特伐利亚式主权国家体系——的人。这一安排构成了现代世界的政治基础，300 多年来重大的经济、科学和社会变迁即说明了这一点。

因此，普芬道夫是给既存欧洲国家制度提供全面理论的第一人，在这一特定意义上，普芬道夫是第一位现代政治哲学家。他的这种反思性姿态初现于 *DSI*（《德意志帝国宪法》）(Denzer，1976)。在该书中他直截了当地把威斯特伐利亚时代和前威斯特伐利亚的摧毁性战争世界区分开来。他认为，与和新的独立国家间政治秩序相一致的标准和概念相比，德意志帝国组织和用来确认它的罗马法是畸形的、与时代错位的。他的自然法理论把和新秩序相一致的标准和概念加在新秩序之上，卓尔不群，光芒璀璨，为现代政治奠定了基础。这主要是基于以下两个原因：

首先，普芬道夫既可以从新建的边界内部，也可以从另一个外部世界（他年轻时所经历的战争和不安全状态）观察现代政治格局。他能够利用他的双重经历构建两个能够用于自然法哲学、通过一系列对比可以互相界定的概念：充满战争和不安的自然状态和普遍和平而安全的政治社会状态。最引人注目的对比出现在 *DOH*（《人和公民的自然法义务（两卷）》）的第二卷第一章第 9 节。但对于后来的思想家来说，自然状态是他们的政治思想和经历的遥远想象物，只有通过理论抽象和历史推测才能接近于它。

其次，从格老秀斯和霍布斯时代到普芬道夫时代，境况的变迁伴随着理论视角的变换。引导并为格老秀斯和霍布斯的思想定向的问题是如何在战争和不安全的境况中建立政治社会并确立对它的服从。威斯特伐利亚安排在实践上解决了这一问题。这样一来，引导普芬道夫理论（及其追随者的理论）并为其定向的问题就变得非常不同了：一个人怎样行为才能成为社会和政治体中有用的一员（第一卷第三章第8节和第二卷第五章第5节）。从这一取向出发，普芬道夫就可以从格老秀斯和霍布斯那里取其所需，并将取来的东西建构成一个理论框架，以应对自己面临的问题。正如他在前言中所澄清的，他的取向和框架建立起了一门新的自然法学科。

三　自然法的范围

DOH（《人和公民的自然法义务（两卷）》）是普芬道夫主要作品*DJN*（《自然法和国家法（八卷）》）的概要。他是要借该书“向初学者阐明自然法的基本问题”（p. 6）*。因而该书既没有对其结论展开论证，也没有对敌对观点进行不绝于屡、动人心魄的回应，也没有对自然法的古典、基督教、罗马法和现代来源进行详细引证。要领略全景须转向大部头著作（*DJN*）。但不管怎样，本书的确是名副其实的概要：简洁而又全面地概括了他的整个政治和道德哲学。此外，对未经删节的版本来说，缜密精细的阐述常常会掩蔽其中心观点，而此书清晰、简洁的陈述使得它既可以独立于未经删节的版本，也可以成为其有用的指南。这一简本的哲学精确度令人折服，许多哲学家宁可以它为基础进行演讲、评注和辩论，也不用*DJN*（《自然法和国家法（八卷）》）（Laurent，1982）。

---

* 页码系原书页码，即本书边码下同。——译者注

这本书是普芬道夫题献给隆德大学校长格斯塔弗·奥托·斯蒂波克(Gustav Otto Steenbock)伯爵的,以回报伯爵所给予的恩惠:即给予他任职保护,使其免受批评者迫害(pp. 3—5)。普芬道夫诚惶诚恐,认为自己不配得到这位杰出人士的恩典,但是他可以献上伯爵这种高贵的人所喜爱的回报:忠诚和热爱。他以此向所有人阐明,塞涅卡式的主题,善行和感激,是他整个哲学的依凭物(第一卷第三章第 7 节;*DJN*,第二卷第三章第 15 节)。只要仔细观察就会发现,相互履行彼此尊重这一社会义务对每一方当事人都有好处。

在绪言中,普芬道夫宣称,他意在用一种易学的方式阐明自然法的基本要素,以此"用一种很明显对社会生活有巨大作用的道德学说熏陶他们(学生)的心灵"(p. 6)。出版一部应用性的政治—道德著作,对普芬道夫来说,是在履行一种社会义务(他认为所有的教育家都负有这种义务):阐释"和国家的正义目的以及习俗相一致的道德学说,(保证)公民的心灵自小就淫浸其中"(第二卷第七章第 8 节),并"避免(传授)会扰乱社会的教条"(第二卷第十八章第 9 节)。

虽然 18 世纪的欧洲新教大学出于保守的目的最终接受了本书,但它们最初的反应却并不友好。这一争议可能是由他对自然法学科和自然法实践的截然区分引起的。尽管这一区分使得前言完美无缺,但据推测,他做出这一区分本是为了回应 *DJN*(《自然法和国家法(八卷)》)的第一批批判者。1673 年,*DJN*(《自然法和国家法(八卷)》)出版后三个月,隆德大学的两位教授:罗马法教授尼古拉斯·波克曼(Nikolaus Beckmann)和神学教授(普芬道夫的

神父)约瑟·施瓦茨(Josua Schwartz)一起发表了《塞缪尔·普芬道夫先生在隆德大学出版的〈自然法和国家法〉一书中某些违背正统原则的新颖见解索引》(*the Index of certain novelties which Herr Samuel Pufendorf in his book on the law of nature and nations published at Lund against orthodox principles*)一文。

划界的观点限定了自然法的领域。普芬道夫一方面使自然法研究和实践与市民法学和市民法制度划清了界限,另一方面使自然法研究和实践与道德神学和神法划清了界限。他这么做的实践目的是要维护其理论免受律师和神学家的批评。否则他们会以自己所在的特殊职业与自然法所管辖的知识和行为领域相分离为理由提出批评。划界所取得的理论成果是构建了一门特殊的法学,或者说一门以法律为中心的道德和政治哲学学科。不同于早期和敌对的自然法理论,前言中所划分的(自然法)研究领域是独立于实在法律研究和神学研究的,它具有自己特定的概念体系,它是以普芬道夫独创的概念——社会性(socialitas)和其同源词为核心构建的。这一概念体系带来了反思意识,并在一定程度上构建了一个供研究和管理的人类行为领域——社会。巴比拉克、塔克和普芬道夫的后期批评者都注意到,格老秀斯和霍布斯都不能像普芬道夫这样清晰地划定边界,这样果敢地做出对比。

普芬道夫阐述了自然法的六个构成性特征,并拿它们和市民法、神法(或道德神学)进行对比,以此完成了划界。第一,自然法所涉及的是"那些使他适合于和别人过社会生活"的一系列对任何人都适用的普遍义务;市民法则是特定国家的法律义务;道德神学是特定宗教(比如基督教)的义务(p. 7)。第二,自然法具有正当性是因为经理性证明，它们“对人与人之间社会性的（养成）极其重要”；市民法出自主权者的意志；神法则来源于上帝的意志（p. 7）。他在这里重复了自己的独创性观点：“社会性……是自然法的基石”（p. 12）。第三，自然法的发现靠的是独立无依的（unaided）理性，而神法的发现靠的则是启示（p. 7）。第四，自然法的目标是在人类法庭中引导人“成为一个有益于社会的人”（第一卷第三章第8节）——自然法“以人要与他人共度社会生活为前提塑造人”；而神圣法庭之中的神法则以塑造在另一个世界得救的人为目标（p. 8）。第五，自然法管辖的伦理性对象大多仅仅是“人的外在行为”；而神法还支配人的内在思想、意图和欲望（p. 9）。第六，自然法是以堕落的人性为前提的：败坏、倾向于自爱、“恶欲横生”（p. 10）；而道德神学则必须既要面对败坏的人性，也要面对未败坏的人性。

它们是诊治无政府状态和不虔敬的一剂良药。这就不难理解，为什么这一取向和框架立即引来了关注（如波克曼和施瓦茨所述），为什么欧洲人不久就把它当成了现代欧洲社会和平的基础。不过，同样明显的是，通过把自然法从一切特定的信仰束缚中解放出来，这一框架所要寻找的是一种能将信仰分裂的欧洲联合起来的新道德（更确切地说是一种“社会性”）。它在欧洲天主教地区的失败（在非基督教社会更是如此），掩盖了其普遍性。

总之，划界六步曲将自然法道德转换成了一种社会理论。这种理论只关注（具有自爱倾向之）人类外在行为的调整。这种调整是通过社会义务实现的，它可以使人成为有用的社会成员。对此，莱布尼茨的评论很有典型性，他说道：这就清理切断了自然法哲学与其他任何道德系统之本质关切点之间的联系。不管这些道德系统是理论性的还是应用性的，不管是古典的还是基督教的，即所有其他类型的义务、品德修养、管控内心生活的意图、欲望和动机。这也和其他试图超越社会性发展道德和宗教理想的做法划清了界限（莱布尼茨，1706）。普芬道夫的观点是：只有将这些传统的关切点从公共的道德中清除出去（将它们留给各教会和各式道德权威），并将自然法重新定位在社会性之上，政治和平与社会生活才能得到保障。

从洛克到康德，思想家们开始接受普芬道夫原创性的"异端邪说"，并使之正统化，并在其上构建了宽容、多元、商业进步和自由等社会理论。这些都远远超越了普芬道夫的基本关注点：和平与秩序。结果是，后代人往往将其视为当然，因此忽略了普芬道夫在现代法哲学——一位现代哲学家称其为"道德：一种特殊的制度"（Williams，1985）——确立过程中所发挥的决定性作用。

四　社会性和功利

本书的目的是要阐明本性已堕落的人如何才能作为社会性动物而行为，从而能够和他人生活在社会之中。普芬道夫完成这一目的的方法是运用自然法理论与实践的六个构成性特征，详细阐明要成为人类社会的一个好成员所必须履行的义务。他在第一卷中列出了适用于所有人（all men）的义务；在第二卷中列出了适用于一些基本而普遍的社会组织形式（自然状态、家庭、主奴的经济联合体和国家）之成员的义务。在本书中，有两个章节是最重要的：第一卷第三章阐释了所有社会义务的基础；第二卷第五章则诠释了国家的构成形式、统治者和公民，他在其中所提出的观点是：有些义务是政治共同体得以存续所必需的，履行这些义务是任何社会存在形态（最为原始的社会存在形态除外）得以存在的必要条件。

在第一卷第一章第 1 节中，义务（duty，*officium*）被界定为“基于责任，人的行为与法律的命令相一致”。既然所有义务都是自愿的，普芬道夫就描绘了人类自愿行为的状态（第一卷第二章第 4 节）。（与道德实在论者不同）他认为理智、激情和自由意志并非秩序之源，它们引起的是不道德行为之混乱状态。他在第一卷第二章中引申道：为了避免随之而来的冲突与混乱，从一开始就有必要施加一些道德规范供意志遵循，并靠它确定、评价非道德行为（第一卷第二章第 11 节）。于是，“规则”（rule）就被等同于“法”（law），而“法”则是“权威者迫使受制于他的人遵循自己法度的命令（decree）”（第一卷第二章第 2 节）。他认为，甚至一个人基本的是非感也是通过服从法律义务获得的（第一卷第二章第 4 节）。结果表明，这种对 *DJN* 义务施加理论的优雅概括是如此富有争议，又如此富有影响力。

他认为，界定义务（duty）所使用的第三个、也是最后一个词“责任”（obligation），是以以下两个条件为基础的：存在一个权威者（superior），他有权力执行自己的命令；存在一个臣服者（subject），他有很好的理由服从。这些理由包括：服从是有利的；权威者用意纯良，能够比下属自己更好地照顾他；服从是自愿的（第一卷第二章第 4—5 节）。对霍布斯来说，责任始于害怕惩罚；对斯多噶学者来说，责任始于对权威者仁爱的尊重，仁爱—感激建构了社会义务。普芬道夫旋即表明：自然法义务满足所有这些条件，它们是自愿性的，是被理性所发现的；它们是权威者（上帝）的命令，上帝通过天堂和地狱的奖惩来执行自然法；上帝的仁爱和关切是服从自然法的绝佳理由（第一卷第二章第 6 节，第一卷第二章第 16 节，第一卷第三章第 10 节）（反对意见及其回应参见 Leibniz，1706；Barbeyrac，1802；Palladini，1978；Schneewind，1987；Moore and Silverthorne，1989）。

在第一卷第三章第 1—7 节中，普芬道夫表明，自然法的正当性基础——社会性导源于“人类共同的品性和状况”（第一卷第三章第 1 节）。尤其是，“欲求安全，必先社会化（*socialbilis*）”的结论（第一卷第三章第 7 节，比较第一卷第二章第 16 节和第三章第 10 节）来源于人性六个不可还原的特征。正如斯多噶学者所教导的，人的首要关切是自我保存和自我福利。可是人类既软弱又悲惨，仅凭自我努力无法达到任何一个目的。所以，他就需要与他人结成社会生活，相互帮助，以取其所需。尽管他可以过社会生活，但如果他是出于自私而与人交往，就会激情澎湃，为疑忌、傲慢敌对、寻衅滋事所驱动，甚至会发动战争。所以，不仅应当像格老秀斯和霍布斯教导的那样，为满足上述三种需要而结合起来。还必须确定一种联合形式以避免社会摩擦（格老秀斯和霍布斯忽略了这一点）。通盘考虑人性的六个特征并能解决社会化难题的唯一（适合能够社会化之人的）联合形式是以下三者的结合体：第一卷第三章第 7 节所确立的战略方式——关切他人（other-regarding）；第一卷第三章第 8 节所奠定的自然法基础——“合力协作”；“这样对待他人，使他人甚至不可能以似是而非的借口来伤害你，而只愿意保

护和促进你的利益(benefits,*commoda*)”(比较 *DJN*,Ⅱ.3.15)。

据此,包容所有其他自然法的基本自然法就是:每个人都应当“培养和保存社会性”(*colendam et servandam esse socialitatem*)(第一卷第三章第 9 节)。这包括对上帝的义务(第一卷第四章),对自己的义务(第一卷第五章)和对他人的义务(第一卷第六章以下)。还包括以下这条包容性的自然法:教导人在行为时考虑自己的行为会对他人行为造成的影响,以成为“一个对社会有用的人”(第一卷第三章第 8 节)。它又包含三种类型的义务:第一种是为格老秀斯和霍布斯所正确察觉到的消极性义务——不伤害他人(第一卷第六章以下)。不过,仅有这点还是不充分的。为避免逆反性反社会情形的出现,还有必要以以下方式待人:认可并尊重他人作为人的平等尊严,这样一来就不会伤害他们高度敏感和脆弱的自尊(第一卷第七章)。与封建和文艺复兴时期以不平等为基础的荣誉伦理不同,现代社会依赖的是相互确认所有人的平等尊严(第一卷第七章第 3 节)。这一论题是普芬道夫最为伟大而又意义深远的洞见之一(*DFN*,Ⅲ.2)。第三,为了避免忘恩负义以及由其所引发的冤冤相报破坏社会,为了增进信任、感恩和自愿互惠,有必要履行仁爱义务(第一卷第八章)。这三种义务类型为分析契约、协议、宣誓、财产关系和语言使用义务(第一卷第九至十七章),以及家庭和国家中的义务提供了分析框架(第二卷);这些具体性义务大多出自罗马法。

虽然这三类义务都是保护和培育有利于保障人的安全和福利的社会形态所必需的,但普芬道夫更加强调第二类和第三类义务。他之所以如此做,部分是因为其前辈在他们的关于消极自然法义

务和自我保存之自然权利的底线理论中将二者忽略掉了。更深刻的解释是，设计这些义务是为了消除比“不义”还“可恶”的激情（第一卷第八章第8节）。普芬道夫认为（追随塞涅卡的《论利益》，Ⅳ.18）激情是导致社会解体，堕落到疯狂和战争境地的首要原因。莎士比亚在《李尔王》（1608）中也作了类似陈述：激情是“忘恩负义的恶魔”（《李尔王》，Ⅰ.5.37）。

很多批评者指责普芬道夫把自然法建立在功利或利益（interest，*utilitas*）而不是社会性的基础之上（Palladini，1978；Barbeyrac，1729；*DJN*，Ⅱ.3.15n.），这是一种误解。履行社会义务有“明显的功利性”（第一卷第三章第10节），因为培养和保存社会性是建立个人安全和福利的前提条件（比较*DJN*，Ⅱ.3.16）。但是，社会性所要求的义务常常优于受个人眼前利益和方便所驱动的行为；这甚至包括准备为社会性而贡献个人的生命（第一卷第五章；第二卷第五章第4节、第十三章第2节、第十八章第4节）。（因此，一个人的首要义务是要成为一个有益于社会的人，第一卷第五章第1节）由此，普芬道夫追随西塞罗，认真区分了理性或长远功利与盲目或短期功利，并认为社会义务与前者是一致的，但并不以前者为基础（*DJN*，Ⅱ.3.10）。以后者为基础的行为和社会性是不一致的，正因为如此，它们会自取灭亡。所以，如果像霍布斯的自我保存主观性权利那样，将社会作为权利的工具，即便个人可以获得基本的安全，社会也永远不可能有所发展（*DJN*，Ⅱ.3.11，Ⅱ.3.16）。

在1675年写作的《论人的自然状态》（*On the natural state of men*）中，普芬道夫又一次与霍布斯的理论针锋相对，并最终放弃了将两种意义上的功利进行区分的努力。所以他的理论就和功利

不具有任何必然联系了。他认为理性意义上的功利用法流俗，意义虚假，功利在这里被定义为与社会适应性和利他性截然相反的东西，这必然是游移不定的(就此澄清了批评者的误解)(Seidler, 1990:no. 10, p. 95L, p. 122E)。

因此，他回应波克曼道："我勾画自然法原则所依据的基本前提(社会性)与霍布斯的理论(建立在自我保存权之上)是直接相对的。因为我和斯多噶学派的理性体系走得非常近，而霍布斯却不过是重拾伊壁鸠鲁哲学理论的残羹冷炙。"(*ES*)

最后，社会性理论的建构很显然参照了塞涅卡《论利益》第四章第18节关于社会和感恩的行文。在 *DJN*，Ⅱ.3.15 引用道：

> "除了靠良性循环的互相协助之外，还有什么其他办法可以保护我们呢？这种友好的交易和交往增强了生命的力量和能力；在遭到突然攻击时，可以使我们处于更好的防卫条件之下。如果我们是彼此孤立的，除了成为野兽轻而易举即可获得的美餐，我们还能是什么？从自然本性上讲，人在各方面都是软弱的：社会使他由弱变强，由赤手空拳变得满副武装。理性和社会这两大优势使他成了最有潜力的生物。要不然，周围所有的事物都可加害于他，使之忧烦困窘。因此，借助于联合，人才能向世界发号施令；如果分离开来，人将不配与任何生命对手相提并论。只有社会才能使他对低等生物行使主权。社会也是控制疾病肆虐的首要屏障，它给老年人以扶助，给悲伤以安慰。抛弃它就切断了联合的纽带，切断了人类生死攸关之弦。"

格老秀斯也引用了同一章节，但是却把它解释成为：除了自爱，人还具有为社会的利益而爱社会的品性（*DJB*，Prel dis. 8 n. 2）。霍布斯对此予以否认："我们并不天然地为社会利益而爱社会，除非我们可以从中获得某些荣誉或利益"（《论公民》，p. 42）。普芬道夫接受了霍布斯的观点，但却抛弃了霍布斯的方法。所以，在普芬道夫看来，塞涅卡的这一段话并不涉及一种社会性情，而毋宁是概括了人性的六个特征，正是这些特征使社会成为必需的了。虽然这给了人很好的理由使其结成社会，但是狭隘的自爱动机却使人敌对社会。普芬道夫是第一个指出这一点的人（第一卷第三章第5—6节）。他认为，尽管博爱是对他人的一种自然同情，也很重要，但却太柔弱了，难以调和这一幅黯淡的画面（第一卷第八章第1节，第二卷第一章第11节）。为了使人的自私动机与关切他人的社会义务以及人的理性功利目标相协调，仁慈的基督上帝就以惩罚相要挟给人强加了一些义务（第一卷第三章第10—13节）。因为对仁慈而又奖惩分明之上帝的信仰是社会生活的必要条件（第一卷第三章第13节），所以对上帝的义务就是首要的社会义务（第一卷第四章）。

不过，普芬道夫机敏地发现，如果现世的世俗利益不足以驱动人去履行前述三种类型的义务，那么很明显，即使他们考虑到了遥远的上帝惩罚或柔弱的良心刺激，情形也不会有什么明显改善（第二卷第五—九章）。所以，社会性体系（system of sociality）是不完善的，因为它缺乏有效的执行措施。在第二卷可以发现对这种缺陷的弥补措施。他论述道："压制邪恶欲望最有效、也最适合于人之自然天性的补救措施可以在国家中发现（*civitates*）"（第二卷第五章第 9 节）。

五　国家与公民

第二卷开宗明义，普芬道夫对自然状态进行了精妙分析：人类的自然条件外在于或者说是先在于国家的建立（参见 Denzer，1972；Seidler，1990）。普芬道夫通过三组对比来阐明自然状态：以服从上帝的状态对比其他动物的生活；以孤独软弱对比国家中的合作生活；以无政府状态对比国家统治。在这些条件之下，人类能够形成女人自然服从于男人的父系家庭小型联合体，这样就产生了夫妇义务（第二卷第二章）、亲子义务（第二卷第三章）和主仆义务（第二卷第四章）。

这些联合体之所以只能支撑一种初级水平的社会化，其首要原因在于缺乏安全感（第二卷第一章第 9 节）。由于缺乏一个共同的政治权威，不同家庭的男性家长们就处在一种“自治”的状态之中。他们只能在一种临时的自愿基础之上施加义务、解决纠纷（第二卷第一章第 8—10 节）。由于人的自然本性（参看第一卷第三章第 1—7 节的描述，外加第二卷第五章第 4 节的描述：对服从的厌恶）和神圣惩罚之威胁的无效性（第二卷第五章第 9 节），自治失败了，所有人都暴露在遭受攻击的威胁之下。随之而来的是对家庭外部事物的猜忌和不信任，这就不利于在理性行为者之间建立相互信任关系。而这种关系对于促进履行关切他人之社会义务是必需的。“战争、恐惧、贫穷、污秽、孤独、残忍、无知和野蛮”也就接踵而至（第二卷第一章第 9 节；对比第二卷第五章第 6 节），理性人因此被迫准备战斗(第二卷第一章第11节)。

从这一场景就可以巧妙地推出,建立国家是为了摆脱战争状态,提供安全。人们建立国家的真正动因是"建立保护屏障,抵制来自于人并威胁于人的邪恶"(第二卷第五章第7节)。大概是汲取了自己在30年战争中的经验,普芬道夫宣称,并非亚里士多德式的对社会之爱促使人们建立国家(第二卷第五章第2节);而是残忍的战争环境提供了强有力的动力(impelling cause,*causa impulsiva*),迫使这些自爱的动物建立起国家(第二卷第五章第6—7节)。通过把相互冲突的意志整合成一个意志,把分散的个人权力整合成一个权力(它可以对在安全事务上反对公共利益之人施加有效制裁),国家消除了不安全性因素,为家长社会化打下了基础(第二卷第五章第9节;第二卷第六章第4—6节)。

虽然人们建立国家是为了确保其安全利益,霍布斯亦如此主张,可是一旦人们成了国家的一员,他们就有义务为国家服务,使他们自己的利益(生命、财产和命运)服从于国家的利益,甚至像西塞罗所主张的那样,把国家的利益认同为自己的利益。政治性动物的含义是:成为一个好公民或者成为一个好统治者(第二卷第五章第4—5节;第六章第9节;第七章第3节;第十七章第11节;第十八章第4节)。普芬道夫不是意指公民的动机发生了变化,这将与他划界观的第六个条件相矛盾。毋宁是,在政治社会中,制定和实施的法律体制管控着公民的行为,这有助于保护和促进公共利益(第二卷第十一章第4节)。因为这种公共秩序的维护是社会化必不可少的手段,并且促进社会性的义务也导致促进其手段的义务(第一卷第三章第9节)。所以就可以推出:根据上帝和自然法的要求，人们有义务履行其政治义务（第二卷第六章第14节）。此外，因为政治和社会义务的履行维持了秩序，使得个人能够取得安全，社会利益能得到确保（第二卷第五章第7节），所以，服从也是一个理性的功利问题（第二卷第五章第8—9节）。

人们要成为有用的国家公民，有三种途径。首先，人们因“畏惧”来自国家权威的“惩罚”，被迫服从市民法（第二卷第五章第5节；第十二章第13节）。法律制度实施第一卷中所列的社会义务（第二卷第十二章第3—7节），其核心是对上帝的义务（第二卷第十一章第4节）。第二，家庭和公共权威（所持）的合乎国家目的的学说以及对其他学说的审查制度塑造着公民的思想和意见（第二卷第七章第8节；第二卷第十八章第9节）。第三种（也是最为有效的一种）途径是现代化或社会化。第二卷第五章第7节中的两段对此进行了概述（与第一卷第三章第7节中的两段对社会化的界定相对应）。这是普芬道夫的原创，而且一再被后人模仿。通过最初基于安全考虑而建立国家，人们为一个自我发展的、以互惠义务为基础的社会机制提供了政治基础并添加了驱动。身处其中者，不管愿不愿意，都逐渐地被文明化、社会化了（参见Hont，1987）。

在第二卷第六章，普芬道夫揭示了杂众（multitude，*multitudo*）如何可能组成一个联合体或联盟（association or union，*coetus* or *populus*），分析了政体（form of government，*regimen* or *respublica*）、最高权威或主权（supreme authority or sovereignty，*summum imperium*）、统治者（ruler，*imperans*）或主权者（sovereign，*summum imperans*）、臣民或公民（subjects or citizens，*subdit or*

cives)、国家(state,*civitas*)。这一章以及与此相对应的*DJN*,Ⅶ.2对这七个概念进行的分析是早期现代欧洲最有鉴别力的分析,并为后来几乎所有的契约论理论提供了基本词汇。

国家的构造是由两重契约和一项法令来完成的(第二卷第六章第1—9节)。首先,在不安全的自然状态中,各自具有独立意志和判断力的众男性家长(male heads of family)全体一致地达成协议:组成一个单一而永恒的联合体,共同商讨、共同领导来组织安全防卫。这第一重契约构建了一个联合体或联盟(第二卷第六章第7节)。不同于众男子的简单复数相加,联合体成员必须受多数原则和共同安全必需制度的约束。联合体必须足够大,以保卫其成员,对抗既存的(其他)国家和帝国(*DJN*,Ⅵ.2.7)。这样一来,多数成员就可以发布命令,决定何种政体适合此等任务(第二卷第六章第8节;在第二卷第七章也有所讨论)。最后,主权者和臣民需要达成一个双务契约:任命一个人或一个团体,将"未成熟国家"(infant state)托付于他,并规定托付的条件(第二卷第六章第9节,在第二卷第九章第5—7节也有所讨论);其他人就成为臣民或公民。这一契约包含着对待给付义务:个体性的臣民同意服从统治者,因此就负有政治义务(第二卷第十八章第2—5节);而统治者同意"照看国家",依据法令行使最高权力,并只以公共安全为目的(第二卷第六章第9节;第二卷第十一章第3节;*DJN*,Ⅶ.2.8)。

只有在第二重契约生效时,"一个完全和正常化的国家才算形成"(第二卷第六章第9节)。通过意志整合和权力整合被创造出来的国家是一个活生生的人,他有自己的名称、权利和财产(第二

卷第六章第 10 节)。继霍布斯之后,这是对现代国家概念最早也是最清晰的专门论述之一:国家是一个意志和权力的结合体,整合了统治者和臣民而又独立于他们,他们创造了他却又成了他的组成部分(这一概念可以参见 Skinner,1989)。在 *DJN* 中,通过以赞许的口吻援引霍布斯在《利维坦》序言中的描述,普芬道夫强调了这一由男性所创造的雄性政治存在物的独特性和重要性。通过契约,男人们创造了一个国家(state,*civitas*),一个充满阳刚之力的"拟制人"(artificial man),自成一体,令人惊奇,由于他人们才得以存活。这就像上帝,通过"神谕:'要有'或'要造人'……创造了世界"(Ⅶ.2.13)(一个女性主义的驳斥,参见 Shelley,1818;Mellor,1989)。

虽然普芬道夫认可了霍布斯的国家概念,但是他随即在 *DJN*,Ⅶ.2.9—12 中解释说,他自己关于两重契约和一项法令的论述是对霍布斯错误的国家形成理论的直接驳斥,并由此提供了一种正确的理论。这些论点直到现在仍然是对霍布斯理论的最好批判。

在普芬道夫看来,霍布斯之所以既取消了形成联合体的传统契约,也取消了主权者和臣民之间的双务契约,是因为他认识到,它们很容易成为"那些妄图限制王权、将王权置于臣民控制之下、甚至整个儿清除王权的图谋不轨之人"的"反叛的借口"(*DJN*,Ⅶ.2.9)。不过,由于这两种契约是皇家主权支持者和混合的、抑或民众主权支持者的共有前提,霍布斯对它们的攻击(可以正确地说,它们更支持后者而非前者)为早期整个现代契约论的主权争论提供了一个共同的基础。

于是，霍布斯用众人相互达成的一重契约取代了两重契约，他们所服从的统治者既不是契约的一部分，也不屈从于这个契约。他相信，这一前提会把统治者的主权置于一个不可动摇的基础之上，从而消除了正当化叛乱行为的可能性。人民作为一个群体不能提出任何限制主权统治者的主张，因为单一契约不可能组成这样的联盟或联合体。另外，臣民不能主张"国王和公民之间的契约是双务性的，如果前者不履行他通过契约做出的承诺，后者就可以不服从"（*DJN*，Ⅶ. 2. 9），因为霍布斯的一重契约全然消除了相互性契约。

与霍布斯不同的是，普芬道夫再次主张：创设原初联合体之契约是必要的，霍布斯煞费苦心的抨击并不成功（*DJN*，Ⅶ. 2. 12）。他进而指出：霍布斯的一重契约有着致命的缺陷。因为是臣民之间相互表示服从，而不是向主权者表示，如果有一个人"不服从，所有其他人就都可以不服从"（*DJN*，Ⅶ. 2. 11）。

普芬道夫的另一个论点是：一个建构恰当的双务契约并不会给反叛提供借口。"其实，当我们承认统治者和公民之间的契约存在时，霍布斯所看到的那些麻烦也并不必然会到来"（*DJN*，Ⅶ. 2. 10）。首先，他解释道：两重契约和一项法令仅是创造了最高权威（*DJN*，Ⅶ. 3. 1）；服从契约仅仅是把"国家统治"权力的行使交给了统治者（同上，Ⅱ. 6. 10）。所以，与人民共同享有主权学说不同的是：人民，尽管他们是联合体的主人，但并不享有最高权威，因此也就不能说是他们将权力"委托"给了统治者；当统治者违反契约时，他们也就无权予以收回。此外，与人民个体享有主权学说不同的是，他认为人们在自然状态下没有惩罚和立法的权力（最高主权的两个特征），所以如果统治者违反了契约，他们也不能收回这些权力（正如洛克的理论）。最高权威也并非来自于由自我保护的自然权利（正如霍布斯的理论；*DJN*，Ⅷ.3.1—2）。最高权威就是通过简单地将个人意志和力量置于统治者为公共安全而制定的法令之下而创设的（*DJN*，Ⅶ.2.5）。这一理论抛开了对共和主义者的结论非常有利的传统：绝对权威必须通过双务契约规定的某种形式转移。

第二，就算统治者和臣民互负对待给付义务，那么应如何确定他们之间的宪法性支配关系，才不会提供正当的"反叛借口"呢？紧随格老秀斯，普芬道夫论证说，在公共安全问题上，统治者有权规定臣民应当做什么，并有权强迫他们去做；而臣民不享有这种权力。在这一意义上讲，主权者和臣民的关系就像主人和仆人的关系，或者是父亲和领养的孩子之间的关系（*DJN*，Ⅶ.2.10；*DOH*，Ⅱ.9.4；格老秀斯，*DJB* Ⅰ.3.6—10）。虽然义务是相互性的，服从却是单方性的：政府权威不容置疑（第二卷第九章第2节）。这种主仆关系意在取代流行的人民主权理论和格老秀斯其他那些受到无情攻击的理论：统治者和被统治者都非主权者，他们毋宁是处在一种"相互服从"的关系之中（在联邦、混合抑或制衡政体之中；Grotius，*DJB*，Ⅰ.3.9）。实际上，通过交替性使用"臣民"和"公民"、把公民身份等同于奴仆身份，普芬道夫是意在冲淡整个早期现代传统。这种传统认为：公民以某种方式分享政治权威，或者说享有政治自由（同上，Ⅱ.6.13；*DJN*，Ⅶ.2.20；

Skinner,1989)。

然后,普芬道夫追问道:如果统治者违反了他保护臣民、实施正义以及保卫国家的义务,公民是否可以在某些情况下反抗统治者(*DJN*,Ⅶ.8.4)?(不可以)如果统治者行使了不正义,公民要么逃离,要么消极忍受(包括被杀死);他们也不能帮助那些受到统治者淫杀劫掠的无辜者(*DJN*,Ⅶ.8.5;*DOH*,Ⅱ,9.4)。并且,他们也不能反抗为国家利益或需要而践踏正义的统治者(*DJN*,Ⅶ.8.6)。

不过,普芬道夫又一次追随格老秀斯,在暴政情况下,他允许一种例外的反抗权:"人民可以因自卫而反抗君主极端并且不正义的暴力,"如果成功了,他们可以设立一位新的统治者。仆人也可以反抗此类主人(*DJN*,Ⅶ.8.7;Grotius,DJB,Ⅰ.4.7)。不能把"人民或众人"的这种行为混淆为政治权力的行使(主张人民主权说或相互服从说的理论家就将二者混淆了),它仅仅是出于自卫义务(源于Ⅰ.5)。另一方面,皇家主权理论者的下述结论同样是错误的:政治权力的缺乏导致人们处于不能自卫的状态。因为不能认为原始契约订立者"会愿意承担只能导向死亡的所有重负,而不选择在无奈的情况下用武力反抗权威者不正义的暴力"(*DJN*,Ⅶ.8.7)。这是一个聪明的解决方法,但是,它似乎也为以自卫为根据的"反叛借口"敞开了大门。英国激进分子就发掘了格老秀斯类似的观点(例如,巴比拉克就把普芬道夫和西德尼、洛克对Ⅶ.8.7的注解联系起来)。或许这就是为什么在*DOH*中没有在任何地方提及这一点的原因。

普芬道夫论证说，一个强大而团结的国家必须有一个统一的、中央集权式的权力和政府。这才是一个“正常”(regular)的国家(第二卷第八章第2节；*DJN*，Ⅶ.5.13)。缺乏这一要素的国家就是“不正常”(irregular)的，通常也是软弱、不团结、易混乱的(第二卷第七章第9节，第二卷第八章第12节；Denzer，1976)。这种规范性的对比有助于合法化专制主义(统一的、现代的)国家之缔造者的中央集权政策。普芬道夫就是为这种国家而工作和写作的。这种对比也是对其主要对手即混合、制衡或联邦政体捍卫者之“不正常”政策的藐视。因为坚持互相服从论的理论家在君主和各种代表性团体之间分配政治权力(它们又以各种互相交叠的方式互相制约)，所以，他们反对格老秀斯和普芬道夫的主权原则(政治权力先在于某处，不容置疑)，也不认为国家是独立于政府的实体(第二卷第九章第1—3节)。因此，在普芬道夫的政治理论体系中，只有在论述残余的、无益的和扭曲的不正常国家的时候，才可能提到他们的理论。

“论不正常国家”这一部分(第二卷第八章第12节)是*DJN* Ⅶ.5.12—15中反对混合和制衡政体之长篇大论的精髓。人们通常将亚里士多德看做是混合和制衡政体传统的创始人。但是他论证说，亚里士多德并非一个坚持混合政体的思想家，而是一个区分健康政府与各式各样不健康政府，并在主权一体的背景框架下厘清政府治理类型的思想家。在这一点上，亚里士多德的做法和他的做法是很相似的(第二卷第八章第3—11节)。通过把自己那极具争议的最高权威概念设置为辩论背景，并将其视为亚里士多德时代以来理论发展之背景的一部分，他制造了其对手亦接受其概念的假象。这和把这一概念设定为绝对政府和有限政府论辩的背景，使其看上去好像被所有人所接受，是一样的道理。但事实是，最高权威这一概念正是他的对手所竭力反对，并试图通过交叠的相互服从来加以限制和平衡的（他在 *DJN*，Ⅶ.5.13 中对此进行了批评）。对普芬道夫来说，这是医治混乱的良药。较为经典的混乱案例是：已被废弃的德意志帝国；必然会被君主所击破的古代骑士贵族的独立阴谋（*DJN*，Ⅶ.5.15，参见 *DSI*，Ⅷ.4.15—30）。虽然如此，一个审慎仁慈的主权者会尊重原始契约签订者给他施加的限制，依据智慧、公正之公民的建议和劝告进行统治。

正如莱布尼茨对霍布斯理论的评价那样，普芬道夫的国家构造理论几乎抹掉了其对手的观点和他们所捍卫的政体。他勾画了一幅“正常”国家的迷人画面。该国家是由遥远的自然状态中的家长们所建构的，借此就可以避免把巩固中央集权的现实努力和在17 世纪仍处在军事对立状态的非常态国家视为“不正常”国家。这些“不正常”国家是危机丛生、政治权威交叠的混乱政府。这种不正常的政治安排已经支配了欧洲数个世纪，正常化进程还没有将它们完全清除掉。即使是法国这个欧洲最为统一的国家中也还没有接近霍布斯和普芬道夫所描绘的非现实国家状态（莱布尼茨，1677）。

最后，统治者的义务是实现“人民的安全”。为达到这一目标，他必须把国家利益放在他自身利益之上（第二卷第十一章第

3 节)。普芬道夫再次以新斯多噶主义的术语"尊贵与安宁(或和平)"描绘了统治者的义务(第二卷第七章第 2 节)。国家的内在和平由四个维度构成(这在自然状态中是缺乏的):由司法部门所保护的生命、肢体和财产的安全(第二卷第七章;第二卷第十一章);通过保护和促进"纯洁而真诚的基督教学说"而达成的心灵安全(第二卷第十一章第 4 节);由重商主义政策和伤残福利而实现的物质福利安全(第二卷第十一章第 11 节);由统治者分配荣誉而实现的自尊和名誉安全(第二卷第七章;第二卷第十一章)。最后一点之所以重要,是因为如果统治者想避免第一卷第三章和第七章分析过的忘恩负义和敌对,他就得尊重公民的尊严并恰当地分配荣誉(第二卷第十四章第 15—16 节;*DJN*,Ⅷ.4)。

统治者也有义务以外交、联盟、备战和战争的方式保护人民免受外来攻击(第二卷第十六章;第二卷第十七章)。国家相互之间处在自然状态之中,友邦可能变成敌人,和平可能变成战争。所以,国家就必须注重自卫,而不是向他国示好;即便在和平时期,也要备战(第二卷第一章第 11 节)。所以,除了促进"和平的美德"(virtues of peace),主权者还必须培养"战争的美德"(virtues of war)(*DJN*,Ⅷ.4;*DOH*,Ⅱ.11.13):通过强制性的军事训练培养勇气;靠充足的税收修建永久性军事设施;组织经济和福利政策以增强相对于邻国的综合国力(第二卷第十一章第 3、11 节;第二卷第十八章第 4 节;早期现代国家建构的这些要素,参见 McNeill,1982)。所以,鉴于国际体制这种残酷的因果性,国家统治者被迫按照预期对外作战的逻辑需要，调整公民的外在行为。但同时应注意，不能摧毁为巩固社会性所必需的另一种秩序。

普芬道夫提出了这种综合性制度以解决30年战争和不安全所带来的问题，并由此开创了一个在国际上实现军事化和平、在国内实现社会化的新时代。孟德斯鸠很快就发现了他所没有预见到的缺陷：这一制度会导致国家间的军事、政治和经济竞赛，而这最终会毁灭它所要保护的生活（孟德斯鸠，1989，13.17）。如今，由这些竞赛所导致的普遍不安全已成了我们的时代问题。正如导言所曾建议的，理解这种困境的一条途径就是研究普芬道夫的著述及它们在政治思想体系形成过程和与之相应的政治实践中所扮演的重要角色。

参考书目

Barbeyrac, Jean, 1729 Samuel Pufendorf, *On the law of nature and nations*, 4th edition, tr. Basil Kennet, notes and 'Historical and critical account of the science of morality' by Jean Barbeyrac (London)

1820 Samuel Pufendorf, *Les Devoirs de l'homme et du citoyen tel qu'ils sont prescripts par la loi naturelle*, tr. Jean Barbeyrac, with 'le jugement de Leibnitz' (Paris: Janet et Cotelle)

Beckmann, Nicolaus and Josua Schwartz [*Index of certain novelties which Herr Samuel Pufendorf in his book On the law of nature and nations published at Lund against orthodox principles*, 1673], *Index quarundam novitatum quasdnus Samuel Puffendorfflibro suo De iure naturali et gentium contra orthodoxa fundamenta Londini edidit* (Griessen)

Carmichael, Gershom, 1985 *On Samuel Pufendorf's De officio hominis et civis juxta legem naturalem libri duo*(1769), ed. John N. Lenhart, tr. Charles H. Reeves (Cleveland:Case Western Reserve University Printing Department)

Cudworth, Ralph, 1731 *Treatise concerning eternal and immutable morality*, 1731(New York:Garland Press, 1976)

Denzer, Horst, 1972 *Moralphilosophie und Naturrecht bei Samuel Pufendorf* (Munich:C. H. Beck)

1976 *Samuel Pufendorf Die Verfassung des deutschen Reiches*, tr. with notes by Horst Denzer(Stuttgart:Reclam)

Derathé, R. , 1970 *Jean-Jacques Rousseau et la science politique de son temps*, 2nd edition(Paris:J. Vrin)

Döring, Detlef, 1988 'Samuel Pufendorf(1632—1694) und die Leipziger Gelehrtengesellschaften in der mitte des 17. Jahrhunderts', *Lias*, 15, 1, pp. 13—48.

Dreitzel, Horst, 1971 'Das deutsche Staatsdenken in der frühen Neuzeit', *Neue Politische Literatur*, 16, pp. 256—71

Goyard-Fabre, Simone, 1989 'Pufendorf, adversaire de Hobbes', *Hobbes Studies*, 2, pp. 65—86.

Grotius, Hugo, 1925 *De jure belli ac pacis libri tres 1646*[*1625*], Volume 1 and *On the laws of war and peace*, Volume 2, tr. F. W. Kelsey, A. E. R. Boak, H. A. Sanders and J. S. Reeves, *Classics in international law*(Oxford:Clarendon Press)

Haakonssen, Knud, 1981 *The science of a legislator: the natural jurisprudence of David Hume and Adam Smith* (Cambridge:Cambridge University Press)

1985 'Hugo Grotius and the history of political thought', *Political Theory*, 13. pp. 239—65

1991 'Natural law', in *Garland encyclopedia of ethics*, ed. Lawrence C. Becker(New York:Garland)

Hobbes, Thomas, 1983 [*Of the citizen*], *De cive: the English version*(Oxford:Clarendon Press)

Hont,Istvan,1987'The language of sociability and commerce:Samuel Pufendorf and the theoretical foundations of the "four stages" theory', in *The languages of political theory in early-modern Europe*, ed. Anthony Pagden(Cambridge:Cambridge University Press), pp. 253—76

1989 'Unsocial sociability and the eighteenth-century discourse of politics and society: natural law, political economy, and histories of mankind', written for The Workshop on Modern Natural Law, convened by Istvan Hont and Hans Erich Bodeker, Max Planck Institute for History, Göttingen, Germany(26—30 June 1989)

Laurent, Pierre, 1982 *Pufendorf et la loi naturelle* (Paris:J. Vrin)

Lee, Henry, 1702 *Anti-scepticism* (London)

Leibniz, Gottfried Wilhelm, 1677 'Caesarini Furstenerii de jure suprematus ac legationis principum Germaniae', in Leibniz, *Sämtliche Schriften und Briefe*, Reihe 4, Bd. 2(Berlin: Akademie Verlag, 1963), pp. 3—270; partly tr. in Leibniz, *Political writings*, ed. Patrick Riley (Cambridge: Cambridge University Press, 1988), pp. 111—21.

1698 'On nature itself', in *Philosophical essays*, tr. Roger Ariew and Daniel Garber(Indianapolis: Hackett Publishing Company, 1989), pp. 155—66

1706 'Opinion on the principles of Pufendorf', in Leibniz, *Political writings*, ed. Patrick Riley, pp. 64—76

Loemker, Leroy, 1972 *Struggle for synthesis: the seventeenth century background of Leibniz's synthesis of order and freedom* (Cambridge, MA: Harvard University Press)

McNeill, William H., 1982 *The pursuit of power: technology, armed force, and society since A. D. 1000* (Chicago: The University of Chicago Press)

Medick, Hans, 1973 *Naturzustand und Naturgeschichte der burgerlichen Gesellschaft: die Ursprunge der burgerlichen Sozialtheorie als Geschichtsphilosophie und Sozialwissenschaft bei Samuel Pufendorf, John Locke und Adam Smith* (Göttingen: Vandenhoeck und Ruprecht)

Mellor, Anne K., 1989 *Mary Shelley: her life, her fiction, her monsters* (New York: Routledge)

Montesquieu, Charles-Louis de Secondat, 1989 *The spirit of the laws*, ed. Anne M. Cohler, Basia Carolyn Miller and Harold S. Stone (Cam-bridge: Cambridge University Press)

Moore, James, and Michael Silverthorne, 1983 'Natural sociability and natural rights in the moral philosophy of Gershom Carmichael', in *Philosophers of the Scottish Enlightenment* (Edinburgh: Edinburgh University Press), pp. 1—12

1989 'Natural law and fallen human nature: the reformed jurisprudence of Ulrich Huber and Gershom Carmichael', written for The Workshop on Modern Natural Law, convened by Istvan Hont and Hans Erich Bodeker, Max Planck Institute for History, Göttingen, Germany (26—30 June 1989)

Palladini, Fiammetta, 1978 *Discussioni seicentesche su Samuel Pufendorf scrittilatini: 1663—1700* (Bologna; Il Mulino, Centro di Studio per la Storia della Storiografia Filosofica)

1989 'Is the "socialitas" of Pufendorf really anti-Hobbesian?', written for The Workshop on Modern Natural Law, convened by Istvan Hont and Hans Erich Bodeker, Max Planck Institute for History, Göttingen, Germany (26—30 June 1989)

Pufendorf discepolo di Hobbes (forthcoming)

Pocock, J. G. A. 1985 'Virtues, rights, and manners: a model for historians of political thought', in *Virtue, commerce, and history* (Cambridge: Cam bridge University Press), pp. 37—50

Pufendorf, Samuel, 1934 *De iure naturae et gentium libri octo, 1688*, Volume 1, and *On the law of nature and nations*, Volume 2, tr. C. H. and W. A. Oldfather, *Classics of international law* (Oxford: Clarendon Press)

1716 *De iure naturae et gentium, cum annotatis Joannis Nicolai Hertii* (Frankfurt am Main). Contains *ES*

Schneewind, J. B., 1987 'Pufendorf's place in the history of ethics', *Synthese*, 72, pp. 123—55.

Seidler, Michael, 1990 *Samuel Pufendorf's 'On the natural state of men'*, the 1678 Latin edition and English translation (Lewiston, NY: The Edwin Mellon Press)

Seneca, Lucius Annaeus, 1972 *De beneficiis*. Des bienfaits, 2 vols., text established and tr. François Perchac (Paris: Belles Lettres)

Shelley, Mary, 1818 *Frankenstein or the modern Prometheus* (London: Lackington, Hughes, Harding, Mavor and Jones)

Skinner, Quentin, 1989 'The state', in *Political innovation and conceptual change*, ed. Terence Ball, James Farr and Russell Hanson (New York: Cambridge University Press), pp. 90—131.

Taylor, Charles, 1989 *Sources of the self: the making of the modern identity* (Cambridge, MA: Harvard University Press)

Tuck, Richard, 1987 'The "modern" theory of natural law', in *The languages of political theory in early-modern Europe*, ed. Anthony Pagden (Cambridge: Cambridge University Press), pp. 99—122

Tully, James, 1988 'Governing conduct', in *Conscience and casuistry in early modern Europe*, ed. Edmund Leites (Cambridge: Cambridge University Press), pp. 12—71

Williams, Bernard, 1985 *Ethics and the limits of philosphy* (Cambridge, MA: Harvard University Press)

Zurbuchen, Simone, 1986 'Naturrecht und natürliche Religion bei Samuel Pufendorf', *Studia philosophica* (Switzerland), 45, pp. 176—86

参考书目注解

有关普芬道夫著述的最为综合的介绍出现在登策尔(Denzer)的书中(1972年版)。1686年拉丁文版 *DJN* 的影印本重印版和英译本(由C.W.和W.A.奥德法瑟翻译)被收录在国际法经典丛书(*Classics of international law*)中。该丛书由詹姆斯·布朗·斯科特(James Brown Scott)主编,卡内基国际和平基金会资助。*DJN* 是该丛书的第17种,由牛津大学出版社1934年出版。*EJU* 和 *DOH* 的拉丁文版和英文版本也被收录在该丛书当中(分别是第15种和第10种)。由巴兹尔·肯尼特(Basil Kennet)翻译的 *DJN*1729年和1749年英译本都把让·巴贝拉克(Jean Barbeyrac)颇为有用的注解收了进去。卡鲁(Carew)的译本还收录了巴贝拉克所写"对道德哲学的历史性和批判性陈述"(原载巴贝拉克1706年的法译本)。J.贺提斯(J. Hertius)编的 *DJN*1716年本以及莫斯科维斯(Moscovius)编的1744年本和1759年本都收录了 *ES*。普芬道夫的许多著述都可以在缩印版丛书中找到,比如《早期英语著作:1641—1700年》(*Early English books* 1641—1700年)。这些书有的是拉丁文版,有的是英译本。

就一般性了解而言,最好从塞德勒(Seidler)为自己编译的英译本《论人的自然状态》(*On the natural state of men*)(1990年版)所写的"导言"出发。该文分析了普芬道夫的自然状态概念,介绍了17世纪自然法哲学,简要介绍了普芬道夫的生平,概述了20世纪普芬道夫哲学的研究状况,对二手研究也进行了综述。作为唯一一部全面研究普芬道夫的英语著作，伦纳德·克里格（Leonard Krieger）的《自主的政治学：普芬道夫与自然法的接受》（*The politics of discretion*：*Pufendorf and the acceptance of natural law*）（芝加哥大学出版社，1969 年版）对普芬道夫的生平和政治思想进行了翔实的介绍。登策尔的著作（1972 年版）是研究普芬道夫道德哲学和政治哲学的经典性作品。帕拉蒂尼（Palladini）的著作（1978 年版）对 1700 年之前普芬道夫所受到的主要批评做了有用的概述。

哈克森（Haakonssen）1991 年的著作对自然法哲学做了一般性简要介绍。专门研究普芬道夫自然法理论的是劳伦特（Laurent）1982 年的著作。施内温德（Schneewind）1987 年的著作对普芬道夫自然法理论及其在欧洲伦理学理论发展史上的地位进行了分析。勒姆克（Loemker）1972 年的著作，波科克（Pocock）1985 年的著作、翁特（Hont）1989 年的著作和泰勒（Taylor）1989 年的著作都对 17 世纪自然法理论在塑造现代道德和政治思想方面的角色进行了前沿性介绍。

关于普芬道夫的权利概念与其前辈（尤其是格老秀斯和霍布斯）的关联，可参看理查德·塔克（Richard Tuck）的《自然权利理论》（*Natural rights theories*）（剑桥大学出版社，1979 年版）。普芬道夫与格老秀斯和霍布斯的关系一直是个争论的话题。根据塔克 1987 年著作的分析，普芬道夫属于格老秀斯创立的现代自然法学派的一员。帕拉蒂尼（1989 年版和 1990 年版）则认为普芬道夫属于霍布斯的门徒，普芬道夫对格老秀斯的引用遮蔽了这种联系。而戈亚尔-法布尔(Goyard-Fabre)1989 年的著作则把普芬道夫当做霍布斯的批评者。德里泽(Drietzel)1971 年的著作则强调普芬道夫理论中正统的、路德式亚里士多德主义主题。

普芬道夫对启蒙运动的影响是一个主要话题。穆尔(Moore)和西尔弗索恩(Silverthorne)1983 年和 1989 年的著作探讨了早期苏格兰启蒙运动,特别是格肖姆·卡迈克尔(Gershom Carmichael)对普芬道夫的接受。关于这一点,也可以看卡迈克尔 1985 年的著作。翁特 1987 年的著作探讨了普芬道夫的"社会性"概念与商业社会理论的关系。关于普芬道夫和卢梭的关系,可以参看德拉泰(Derathé)1970 年的著述。有一些著作试图把普芬道夫在 18 世纪的影响追溯到亚当·斯密,如:梅迪克(Medick)1973 年的著作,哈克森 1981 年的著作,理查德·F. 泰希格雷贝尔(Richard F. Teichgraeber)的《自由贸易与道德哲学:重新思考亚当·斯密国家财富的渊源》(*Free trade and moral philosophy: rethinking the sources of Adam Smith's wealth of nations*)(杜克大学出版社,1986 年版),以及斯蒂芬·巴克勒(Stephen Buckle)的《财产的自然史》(*The natural history of property*)(牛津大学出版社,1991 年版)。

与其道德理论相比,普芬道夫的国家、臣属、服从和国际关系理念还没有受到系统的研究。对普芬道夫主权概念的经典分析出现在奥托·冯·基尔克(Otto von Gierke)的《1500—1800 年的自然法与社会理论》(*Natural law and the theory of society* 1500—1800)(剑桥大学出版社,1934 年版)中。关于这一概念的智识背景,可参看斯金纳(Skinner)1989年的著作。塞缪尔·纳克维茨(Samuel Nutkiewicz)的"塞缪尔·普芬道夫:责任作为国家的基础"(载《哲学史杂志》,总第21卷,1983年,第15—29页)处理了普芬道夫的服从理论。登策尔1976年的著作讨论了普芬道夫的正常国家和非正常国家概念,以及普芬道夫对德意志宪法的分析。马克·雷夫(Marc Raeff)的《秩序良好的警察国家》(*The wellordered police state*)(耶鲁大学出版社,1981年版)对17世纪国家建构理论做了很好的介绍。霍斯特·拉贝(Horst Rabe)的《普芬道夫理论中的自然法与教会》(Böhlau,1958年版)和祖毕臣(Zurbuchen)1986年的著作都探讨了普芬道夫处理教会与国家关系的方案。在1934年版*DJN*的导言中,沃尔特·西蒙(Walter Simon)揭示了普芬道夫对国际法理论的贡献。

关于妇女对男子的臣属、她们被排除在政治之外以及这种理论对普芬道夫主要理念的影响,很少引起人们关注。关于这一点的介绍,可参看简·伦德尔(Jane Rendall)的"价值与商业:亚当·斯密政治经济学理论形成中的妇女"(载埃伦·肯尼迪和苏珊·门德斯编《西方政治哲学中的妇女》[*Women in western political philosophy*],圣马丁出版社,1987年版,第46—54页)。正如梅勒(Mellor)在其1989年的著作中所指出的,雪莱1818年挑战了普芬道夫理论的潜在主张和那个时代的政治思想:只有拥有独特的雄性价值和力量的男人才能够构造使人文明化的共同体(比如国家)。相反,他们创造的是破坏性的怪物。罗德里克·纳什(Roderick Nash)在《自然的权利:环境伦理史》(*The rights of na-*

ture:*a history of environmental ethics*)(威斯康星大学出版社，1988年版)中从生态学视角简要分析了普芬道夫理论中自然法与自然界的分离。

人和公民的自然法义务

作者题献词 3

献给最受人尊敬和爱戴的英雄、伯格桑德的伯爵、克考那博西的男爵、瑞典国元帅、哥特人的卡洛林大学校长古斯塔夫·奥托·斯廷博克勋爵。

最受人尊敬和爱戴的、最仁慈的勋爵：

用如此渺小的一本著作来答谢如此广为人颂之人的襄助是否合适？这已令我心境不宁、焦虑重重。因为，一方面，我为这部著作的平庸感到羞愧。它丝毫称不上才思巧妙、杰出异常。因为它只阐释了道德哲学最基本的原理。这些内容几乎全部是从我一本更长的著作中节录出来的。贸然题献，可能既配不上您显赫的地位，也尽不到我的义务，尽管它可能会有益于初学者。另一方面，最为尊敬的阁下，我是忠诚于您的。承蒙您私人恩惠和公共贡献的引导，如果不能抓住一切机会——不管它是多么的渺小——回报（至少该表明亏欠之心）您，我就很可能会被人指责为忘恩负义。

在此，我所指的并非您对国家的贡献。因为您在国内外的杰出成就，国家将那些重担交给了您。您不辱使命，并赢得了不朽荣誉。铭记这些事迹是历史的任务。历史学家搜罗您国家光辉事迹（它的军队在如此广阔的领域内取得了成功）的时候将会发现，您 4

的行动是最为著名的。他们也同样会钦佩您退役后处理和平事务的娴熟能力。与之不同的是,我的义务是缅怀尊敬的阁下为这所年轻大学所做的一切。在国王陛下的提议下,她给了我一个职位。她无法心安理得地声称自己配得上您智慧而又仁慈的庇护,并亲自担任她的校长。她每天都见证了您虽公务繁忙但仍不辞劳苦地为其谋利益。

谈到最为尊敬的阁下给予我的特殊恩惠,我该怎样做才能够表达我对它们的尊敬?对其他人来讲,他们最大的愿望就是被尊贵的人知晓、赏识。然而,您给予我的恩惠是如此的慷慨、如此的优裕,以至于我不止一次享受到了您仁慈的帮助。它们既有惠于我,也帮助我避开了诅咒我之人的攻击。尽管我无力给您任何形式的回报,然而,毋庸置疑的是,我至少应当表明我谦卑感恩的心,并坦率地承认从您那里受益良多。此外,伟人的仁慈还具有这样的特点:只要受惠者有一颗感恩的心,他就会欣然感到满足。尊贵和慷慨之人是通过受惠者的接受(甚至只是通过轻微的崇敬表示出来的)来提高已履行义务的价值的。所以,最为尊敬的阁下的慈善使我期望,假使我用如此微不足道的作品来公开表达我对您的虔敬的忠诚,我将不会被认为是玷污了您的尊荣。我不可能写出更好更优秀能经得起时间考验的作品了。人们的判断力总是很迟钝以至于不能发现,当他们竭尽全力想要变得杰出的时候,愚昧和无知总在竭力阻止他们。然而,如果我得知尊敬的阁下乐意屈尊接受我的敬献,并使我确定您将来也会给我恩惠和保护,那么我的心将会因重新获得的活力而变得健康,并从日益增长的疲惫中解脱出来。

愿伟大而仁慈的上帝保佑最为尊敬的阁下长久兴旺，为国、为 5
您尊贵的家庭和我们的新政体增添荣耀和利益。

向最为尊敬的阁下致敬

您忠诚的仆人

塞缪尔·普芬道夫

隆德

X Kal. Feb. A

1673 年

作 者 前 言 6

尊敬的读者：

写个前言说明著作的写作目的，看起来是必要的，众多学者的实践甚至使它变得不可或缺了。你们将很快会发现我只是用简短、清晰概要的语言（我希望如此）向初学者介绍了自然法的基本问题。我不想让学生一开始就在一大堆难题面前却步。而如果在他们还不具备基础知识的时候就向他们大量灌输课目知识的话，结果往往会是如此。我还认为用一种很明显对社会生活具有巨大作用的道德学说熏陶他们（学生）的心灵是符合公共利益的。在其他情况下，我会很自然地认为将大篇幅的文章，特别是我自己的文章，压缩成纲要的形式是很简单的事情。但是在目前这种情况下，我想没有一个通情达理的人会因我在对年轻人有特殊益处的工作上花费如此多的劳动而责备我。更何况我是在上司的命令下如此行为的。一个人对年轻人的义务就是如此，任何为了他们的利益而做的工作——即使这些工作没有机会体现出伟大的思想和渊博的知识——都不应该被认为降低了一个人的尊严。此外，任何一个哪怕只有一点常识的人都会承认这些原则要比任何特定市民法（civil law）的规则都更适合于做法的普遍戒律（universal discipline）。

写这么多可能已经足够了，但是有些人建议我，如果写一些直
接有助于理解自然法的一般特征的文字，并仔细描绘出它的范围
7 将会更好。我更乐于做此事，因为用这种方法我可能会除掉一些
将聪明才智用错地方的人狂热地批评自然法的借口。各种法的范
围有很大的不同，它们之间存在着界限。

Ⅰ. 很明显，人类关于义务的知识——他可以做什么，因为那是正确的（right，*honestum*）；不可以做什么，因为那是错误的（wrong，*turpe*）——有三个来源：理性（reason）、市民法和神的特别启示。从第一个来源产生了人类最普通的义务，特别是那些使他适合于和别人过社会（society，*sociabilis*）生活的义务；从第二个来源产生了居住于特定国家（state，*civitas*）的公民的义务；从第三个来源产生了基督徒的义务。

因此，存在三种不同的律令（disciplines）。第一种是自然法律令，对所有的民族都适用。第二种是各个国家的市民法律令，人类被分成多少个国家它就有或者可能有多少种形式。第三种是神学道德（moral theology），它不同于解说我们的信仰（faith）的神学著作。

Ⅱ. 每一种律令都有和其原则相一致的证明自己教条（dogmas）的独特方法。在自然法中，之所以设定做某事的义务，是因为依正确理性推定，它对人的社会性非常重要。市民法的最终基础是立法者制定了它们。神学道德的最终依据是《圣经》中记载了这种上帝的命令。

Ⅲ. 市民法戒律是以更为普遍的自然法作为前提的。然而，如果市民法的某些规定超出了自然法，不能就以此为理由认为市民

法的规定违背了自然法。同样地，如果仅因为以神的启示为基础的神学道德的教条超出了人的理性范围，从而不为自然法所知，就认为它们互相冲突或者矛盾，是非常无知的。反之亦然，自然所做出的，以理性审查为基础的任何规定，不见得就因此在任何意义上都和《圣经》中关于相同问题的、更明确的规定相冲突；自然法仅是通过提炼《圣经》而形成。例如，在自然法中，我们摘录《圣经》中的知识形成了有关人类始祖的状态的观念，知道了他是如何来到这个世界上的，而这些可以仅通过推理而得出。将通过推理得出的 8
状况和《圣经》启示的状况相对立，是恶毒的诽谤和十足的罪恶。①

事实上，要表明市民法和自然法之间的和谐关系是非常简单的。但是，要确定自然法和神学道德的界限，并指出它们最大的区别在哪里，却是一项更艰巨的任务。我将用几句简短的话表明我的观点。我当然不是用教皇的权威论述，我没有避免犯错误的特权，也不是受神的启示的激励，更不是靠神奇光照产生的非理性本能。我就像一个理想是装饰斯巴达——这是分配给他的任务，他不优异的禀赋能够做得到——的人那样，来论述我的观点。我准备接受来自智慧和博学之人的改进意见，并准备重新反省我所采取的立场。但同样地，我根本没时间理会以下几类人的批评：模仿米达斯*(Midas)并立即就他们不熟悉的事务下结论的人；和阿德里纳斯(Ardeliones)人同类的人——《斐德罗篇》(Phaedrus)曾对

---

① 比较 Horace, *Satires*, Ⅰ. 4. 100—101。

* 米达斯是古代小亚细亚佛里吉亚(Phrygia)王国的国王。根据希腊神话传说，植物神和酒神狄俄尼索斯(Dionysus)给了他点金术，他所触摸到的所有事物都会变成金子。——译者注

此类人的特点有过精妙的讥讽:"绕圈转,忙着虚度时光,无目的乱干,整日忙碌却不做事,对自己是折磨,对他人是累赘。"①

Ⅳ 1.将各种律令彼此区分开来的第一个不同之处在于它们各自教条的来源不同。这一点我们已经提到过。所以,如果《圣经》命令我们做或不做某事,而理性本身又看不到它的必要性,那么这就超出了自然法的范围,从而应当将其归于神学道德。

Ⅴ 2.此外,在神学中,法律被认为蕴涵着神的承诺和神与人之间特定的契约。自然法就是从这种观念中提炼出来的,因为这种观念来自于神的启示,仅有理性无法揭示它。

Ⅵ 3.但是更重要的区别在于:自然法的范围仅被限制在现世(this life)的范围之内,所以它以个体与其他人在社会中共存为前
9 提来塑造人。然而,神学道德不仅要求基督徒在今生过善的生活,还要求基督徒要盼望靠今生的虔诚在来世获得赏赐,从而成为天国的子民,他在这个世界上不过是一个匆匆的过客。②

人的内心深处确有非常强烈之永生的欲望,并想竭力避免死亡,所以许多异教民族也相信灵魂可以脱离肉体而生,善有善报,恶有恶报。然而,人心中对这一切坚定的、完全的信仰却只能从上帝的福音中得来。所以,自然法的律令只适合在人类法庭(human court)中适用是因为人类审判(human jurisdiction)只及于今生。人类审判有时确实涉及到神的法庭,但那是不正确的,因为很明显它属于神法的范围。

---

① Phaedrus, *Fables*, 2. 5. 1ff.

② 比较 the Epistle of Paul to the Philippians, 3:20。

Ⅶ 4. 从这点也可以看出，由于人类审判只涉及人的外在行为，不涉及隐而未露、没有外在影响的内心观念，所以也就不会去规范它。自然法在很大程度上也只关注人外在行为的塑造。然而，对神学道德来讲，只将人的外在行为塑造成正确的行为还不够。它的主要任务是使人的心灵和内在观念符合上帝的意志，它惩罚外表看起来正确但动机不纯的行为。这可能就是《圣经》中关于由人类法庭审判处罚的行为的讨论远少于关于“超出人类法令”[①]的行为的讨论的原因（塞涅卡[Seneca]语）。这一点对于仔细研究过《圣经》中的戒律价值观的人来讲是非常清楚的。神学道德能最有效地促进良好的社会生活，因为真正的基督教价值观将尽一切可能地在人心中植入社会性观念。反之亦然，如果你看到有人煽动叛乱并扰乱社会生活，你可以确定地得出结论说：基督教信仰只停留在他的嘴上，并没有深入到他的内心。

Ⅷ. 至此，我认为，自然法（我们所界定的）和神学道德的真实
界限就变得非常清晰了。并且非常清楚的是，自然法根本就不和 10
真正的神学教条相冲突。自然法只不过是从仅凭理性无法查明的特定神学教条中提炼出来的。

因此，很明显，根据自然法，人必须被认为是本性（nature）已经败坏（corrupted）并且被邪恶欲望驱动的动物。所以，尽管没有《圣经》的启示，人也可以意识到自己身上难以控制的、不安分的激情；但是，他却不可能确知这是来自于始祖的罪过。由于自然法仅存在于理性的范围之内，所以试图从未败坏的人性中推出自

① Seneca, *De ira*, 2. 28. 2.

然法是不恰当的。事实确实如此,因为很明显,《摩西十戒》(Decalogue)中很多用否定性规范(negative terms)表达的戒律(commandments)[1]就假定人性是败坏的。例如,第一条戒律就假定人倾向于信仰多神论并进行偶像崇拜。假设有这么一个人:他的本性还没有败坏,他清楚地认识神,并因此能得到神的启示。那么,我就不明白以下想法如何能够进入他的心灵:追逐私利并因此不再追求上帝的真理;相信他自己制造的东西具有神性。所以,就没有必要颁布禁止性命令,让他不去崇拜异神。对他而言,简单而肯定的律令就足够了:"要有爱心,敬畏并崇拜创造了人类和宇宙的上帝。"第二条戒律也是如此。因为,如果一个人清楚地知道神的大能(majesty)和大爱(loving kindness),不为恶欲所动摇,并满足于现状,那么为什么要用一个否定性规范禁止他"亵渎上帝"?只需要用一条肯定语气的戒律提醒他将荣耀归于主名(the name of God)就可以了。然而,第三条和第四条戒律不同,它们是用的肯定语气,并且不必然以人性的败坏为前提,所以在两种状态下都可
11 以适用。但是其余的调整与邻人关系的戒律,很明显又是如此了。因为在创世造人的时候,上帝就告诉人要爱自己的邻居*;即是说人在本性上就倾向于这么做。但是,如果死亡还没有因为原罪而降临到人类身上[2],又怎么可能命令人不去杀人?然而,现在我们很需要否定性律令(negative percept);因为不是爱,而是仇恨潜

① *Praecepta*,在自然法中也作"precepts",参见 Exodus,20:1—17。

* "邻居"(neighbour)意指身边的人,其意思接近于"他人"。为尊重原文,译者将其直译了出来。——译者注

② 比较 the Epistle of Paul to the Romans,5:12。

伏在这个世界上，甚至很多人仅仅是因为嫉妒和贪图他人财物就毫不犹豫地将他人置于死地，而那些人不仅无辜而且还可能是他们的朋友和恩人。这些人对盗用“如果上帝愿意”这样虔诚的悔过词来促成他们冲动而残忍的暴力思想毫不感到羞耻。有什么必要禁止彼此相爱、激情相拥的夫妻的“通奸”行为？如果没有贪婪和贫穷，也没有人将对他人有用的东西据为己有，那么又为什么要禁止盗窃？如果没有人想用粗鲁和恶毒的诽谤玷污他人并以此来为自己赚取名誉的话，有什么必要禁止做伪证？在这里引用塔西佗（Tacitus）的话是恰当的：“在还没有恶欲（evil lust）的时代，人类的始祖远离罪恶而生活，因此也就没有惩罚和制裁；并且因为他们的欲望不和良好的道德相违背，他们不被禁止做任何事情。”①

正确地理解此话就可以为解决如下问题铺平道路：人性未败坏状态下的法律和现在的法律是一样还是不一样？简短的回答是：在两种状态下法律的主要原则是相同的，但是很多具体的律令会因人类状况的不同而不同；或者说，同样多的法律会根据适用对象的不同状况而被放置在不同（但不是相冲突的）的律令中。

我们的救主将法律概括为两条原则：爱上帝和爱邻居。② 这两条原则既适用于人类的败坏状态，也适用于人类的非败坏状态，并且可以从中推出自然法（如果自然法和神学道德之间真有什么
区别的话，那就是在非败坏状态下，律令要少）。被我们当做自然 12

① Tacitus，*Annals*，3. 26.

② 比较 Matthew，22：37—39。

法的基石的社会性，也可以被归结为爱邻居。但是一旦涉及到具体律令，肯定性律令和否定性律令之间的重大区别就自然显现出来了。

在我们现在的状态下存在很多原始状态下所没有的肯定性律令。一方面是因为它们以人的纯洁状态中并不存在的情形为前提；另一方面是因为现在状态下存在着贫穷和死亡，而这些在纯洁状态下是不可想象的。例如，我们现在的自然法中有以下律令：在买卖中不要欺骗任何人；不要在称量和计算上要把戏；在约定的时间归还借款。但是我们并没有想清楚：如果人类仍是纯洁无罪的，我们会进行我们现在从事的商业交易吗？还有必要用钱吗？同样，如果人类现在居住的国家不是无罪的真空，也就不可能有纯洁状态下的律令和政府存在的空间。自然法命令我们要帮助穷人，救济遭遇灾祸的人，照顾寡妇和孤儿。但是向不可能遭遇贫穷和死亡的人颁布这些律令却是没有必要的。自然法还命令我们要饶恕他人的罪过并准备与他人和好。这些律令对那些不违反社会性法律的人来讲是毫无意义的。

对依赖于自然法（而非实在法）而存在的否定性律令来讲，类似的情形也清晰可见。尽管每一个肯定性律令都暗含着对相反行为的禁止，例如，命令一个人要爱他人就同时禁止他对他人实施侵害，这是和爱心相悖的。但是如果没有邪恶的动机去促使人如此行为，用明确的律令去禁止它们就是多余的。为了证明这一点，我们可以举梭伦的例子。他拒绝在公法中规定针对弑尊亲行为的刑罚，因为他不认为会有儿子犯这种罪。弗兰西斯科·洛佩兹·德·戈马拉（Fracisco Lopez de Gomara ）（Hist. Gen. Ind. Occi-

dent, ch. 207)[①]所讲的尼加拉瓜(Nicaragua)族人的故事也可以说明这一点：他们没有规定对杀害部落首领(被臣民称为 *Caciqne*) 13
之人的惩罚，因为他们认为没有臣民会计划或实施这种极邪恶的犯罪。

可能有些人会觉得花如此多的篇幅强调这些通俗的论点是迂腐的。但是我想再举一个一年级的小学生都会懂的例子。两个特点极不相同的孩子被送给同一个人接受教育。其中一个孩子谦虚、谨慎、对文字极其热爱；另一个孩子放荡、调皮、沉溺于淫乐而不好读书。他们的任务都是相同的，那就是读书，但是针对每个人的戒律却是不同的。对前一个人来讲，给他一个需要遵守的日程表和学习计划就已足够了。然而，对另一个来讲，除了这些，还必须用严厉的威胁训诫他，叫他不要乱跑，不要赌博，不要卖掉书籍，不要抄袭其他学生的作业，不要酗酒，不要召妓。如果一个人要自告奋勇，承担对前一个孩子进行道德说教的任务，这个孩子将会告诉他不要对自己讲这些下流的话，可以将这类忠告给予任何人但不要给予他，因为他没有做这类事的嗜好。

因此，我认为很明显，如果要将自然法建立在人性未败坏的基础之上，自然法的面貌将会有很大的不同。同时，因为将自然法和神学道德区分开来的界限是如此地清晰，所以自然法的地位并不比民法学、医学、自然科学或数学低。如果有人胆敢在没有基础知

① Fracisco Lopez de Gomara, *La istoria de las Indias, y conquista de Mexico* (Saragossa, 1552).

识的情况下闯进那些学科，并想在缺乏专家认可的情况下就获准通过鉴定的话，专家们将会毫不犹豫地给予讽刺。阿佩莱斯(Apelles)*就曾经对麦哥巴图斯(Megabyzus)(一个想进行绘画艺术演讲的人)这么做过，他说："我请求你在压坏颜料的孩子们开始嘲笑你之前闭嘴；你在试图讲一些你从来没学过的东西。"①我们很容易和诚信的老实人面对面相处，但是对于麻烦制造者和无知的破坏者，最好是弃之不理，让他们因自己的嫉妒而痛苦。因为永恒法(everlasting law)的真理告诉我们：埃塞俄比亚人不会改变他们的肤色。②

* 古希腊著名画家。——译者注

① 比较 Plutarch，*Moralia*，58D(“*Quomodo adulator ab amico internoscatur*”)。

② 比较 Jeremiah，13：23。

第　一　卷

第一章　论人类行为 17

1. 我所用的“义务”(duty, *officium*)是指：基于责任，人的行为与法律的命令相一致。要说明这一点，就必须首先概括性地讨论人类行为的本质和法律的本质。

2. 我所指的“人类行为”(human action)不是指由人体官能引起的身体动作，而是指来自并受人类特有能力——这一能力是由伟大和仁慈的创世者赋予人类的，它使人高于并超越于动物——指引的行为。即行为是由理智(understanding)发起并以意志为指导的动作。

3. 上帝使人可以认识他在这个世界上所遇到的纷繁杂多的客体，比较它们，并得出与它们有关的新知识。人也有能力去计划将来的行为，促使自己去实现它们，使它们符合特定的模式和目的，并推导出行为的结果；并且他还能够分清以往的行为是否和规则相符合。此外，人的能力并不总是一成不变地起作用；有些能力被内在冲动激起，而后才处于控制和引导之下。最后，一个人并不对所有不同的事物感兴趣；有些是他想要的，有些则是他要躲避的。他也常常无动于衷，尽管行为指向的对象已存在；他常常从眼前的数个事物中挑选出一个，而舍弃其他的。

4. 理解和判断的能力被称为“理智”(*intellectus*)。可以肯定

的是，加上引导和恰当的反思，任何一个头脑健全的成年人都具备
18 足够的天赋能力去获得对普遍戒律和原则的充分理解——它们可以在这个世界上促成善而和平的人类生活，认识到它们是与人性相符合的。如果这一点得不到确认，至少是在人类法庭中得不到确认，人就会以无法克服的无知为理由抗辩，推掉他们的所有罪恶。因为在人类法庭中，没有人可以因触犯了一个他无法理解的规则而遭受惩罚。

5. 一个理智健全，知道什么该做什么不该做，并且知道怎样给自己的主张以确定和无可辩驳的理由的人，被认为是有正确良知的人。然而，一个人也可能对什么该做什么不该做持有正确的见解，但却不能将其建基于论证之上。他的见解可能来源于他所在社会的一般生活方式，或者来源于习惯，或者来源于权威当局，因而没有理由持有相反的观点。这种人被认为具有潜在的良知。大多数人都受潜在良知的指引，很少有人具有揭示事物原因的能力。[①]

6. 人们常常发现在特定情形下，不同的观点对立着支持事物的两面，但是他们缺少权衡轻重的判断能力。这通常可以用疑惑的良心(doubtful conscience)来称呼。此时的规则是：只要善恶的判断未定，一个人便应停止行动。因为在疑问除去之前就行动的决定意味着蓄意的或疏忽的违法。

7. 人的理智常常以非为是，这就是陷入了错误。如果一个人可以靠适当的谨慎和关注而避免陷入错误，它就是可以克服的；如果一个人尽了社会生活行为所要求的所有努力仍不能避免错误，

---

① “*rerum cognoscere causas*”，Vergil，*Georgics*，2. 490.

它就是不可克服的。不可克服的错误通常只发生在特殊事项上，而很少涉及一般性的生活戒律，至少在诚心珍惜理性能力并按生活正路而行的人中间是这样。因为自然法的一般戒律是明晰的，并且实在法的制定者应当（他们常常也是）给予特别的关注，以使法律被臣民知晓。所以，如果不是因为懒散的疏忽，不可克服的错误便不会发生。但在特殊情况下，对行为对象和其他情形的认识错误很容易在无意识和无过错的情况下发生。

8. 无知是知识的缺乏。按照无知是否促成了行为，以及无知是源于非自愿还是该受到某种程度的谴责，可将其分为两类： 19

一方面，无知通常被分为助生的无知（efficacious ignorance）和随生的无知（concomitant ignorance）。如果没有它，有问题的行为便不会被做出，它就是助生的无知；如果即使没有它，有问题的行为仍会被做出，它就是随生的无知。

另一方面，无知要么是自愿的，要么是非自愿的。如果一个人舍弃认识真理的手段，而有意地招致错误的发生，或者因不够勤勉而使错误在自己身上发生，就是自愿的无知。如果一个人不知道他不可能知道、也没有义务知道的事情，就是非自愿的无知。后一种无知本身又有两种情形：一个人现在可能无法除去自己的无知，不管这种情况的发生多么地应该受到谴责；或者一个人可能无法克服当前的无知，但他不是因为应受谴责的原因而陷入这种情形的。

9. 另一个使人区别于兽类并为人所独有的能力是意志。人靠意志——就像靠一种内在的冲动一样——支配自己的行为，选择最满意的东西而舍弃不中意的东西。人将两件事情归功于自己的意志：首先，他自愿地行为，也就是说，是他自己而不是一些内在的必然性，才是他自己行为的发起者；其次，他自由地行为，也就是说，置身物前，他可以作为也可以不作为，可以选择也可以舍弃，也可以选其一而舍其他。

人的行为有些是为了他自己，有些则是为了其他目标的实现；也就是说，有些具有目的性质，有些具有手段性质。在行为作为目的的情况下，意志以下述方式参与：在起始阶段确定目的之后，它表示赞成；接着有效地将自身变成实现目的行动；而后以充满激情的方式或温和的方式去努力实现它。达到目的之后，它便停下来平静地享受。另一方面，各种手段首先被仔细地拣选，然后最合适的就被选出来并最终付诸实施。

20 10. 正是由于人是自愿实施其行为的，所以他才被认为是行为的发起者。因此，关于意志，首先要注意的是其自发性必须要得到维护，至少对在人类法庭中接受审判的那些人类行为应是如此。相反地，当一个人一点自主性都没有时，就不是他而是施加压力于他的那个人才是行为的发起者。被施压人只不过是不情愿地将肢体和力气借给施压者使用而已。

11. 尽管意志总是趋善而避恶，但总会在人身上发现大量的欲行。这都是根源于以下事实：在自然状态下，善与恶并未向人分开呈现，而是混合在一起，善中有恶，恶中有善。并且，不同的客体会专门性地影响人不同的部分。例如，有些客体影响人加诸自身的价值，有些客体影响人的外在感觉，有些客体则影响人要求自我保存的本能。因此，人们将第一种情形理解为适当性(*decora*)，将第二种情形理解为愉悦性(*jucunda*)，将第三种情形理解为有用性

(*utilia*)。这些都使人趋向于它，只是随它加诸于人之上的动力不同而有所不同。此外，大多数人都对某些事物有特殊的嗜好，但对另外的事物却避而远之。因此得出结论：就任何行为来讲，善与恶，真与假，相伴而现，一体而同时地呈现出来，而人们的精明程度和辨别它们的能力却各不相同。因此，一个人会喜欢他人因恐惧而避开的事物也就不足为奇了。

12. 但是，人的意志并不是总能稳定在以下状态：在各种行为选择面前保持心理平衡，由权衡所有相关情况后产生的内在动机决定选择此行为还是彼行为。人们的行为选择往往是由外在因素(*momenta*)决定的。我们将略过人的向恶性倾向不提，不应在此处详细评论它的起源和特征。但首先，心灵的特定意图将一个确定的意向传递给意志，正是由于意志人才要对确定的行为负责。不仅在个人身上，在国家中也可以看到这一现象。它就像由气候和土地的特性而生；由自种子、时间、食物、健康状况、生活方式等诸如此类原因而生的体液混合而生；由心灵得以发挥作用的器官
构造而生，等等。在此我们应当注意的是，如果一个人遇上了这一 21
难题，经过恰当的注意，他可以很好地缓和情绪并改变事情状况。此外，不管克服这一难题需要花费多大的力气，在人类法庭中，人们不应认为它(为恶倾向)强大到足以迫使人违反自然法。因为人类审判并不关心没有付诸外在行动的恶欲。所以不管欲望是如何的顽固(尽管“被用叉子驱逐”)[①]，恶意攻击的行为是可以避免的。克服作恶倾向的困难比为善恶之争的优胜者而准备的巨额奖赏要

① Horace, *Epistles*, Ⅰ. 10. 24.

小。即使为恶倾向如此地动摇思想以至于没有什么可以压制它们并阻止它们爆发，仍有一种方法可以使这一压力减轻，也就是说，可以不作恶。

13. 同种行为的经常性重复，使意志产生了对它们的偏好，并发展成习惯。习惯的影响使行为被愉快而轻松地做出，因此当行为客体出现时，心便向往之，当行为客体消失时，心便惋惜之。但是我们应注意，只要一个人肯下决心，没有改不掉的习惯。同理，没有一种习惯可以如此地影响一个人，以至于在此时此刻不能够克制习惯所倾向的外在行为。因为是否沾染一种习惯取决于个人，所以，不管习惯是如何使一个行为变得容易，善行的价值并不减少，恶行的不义也不消失。实际上，好习惯增进认可，坏习惯招致耻辱。

14. 宁静、平和的休憩之心和被激情扰乱之心的差别是非常大的。激情应遵循的原则是：不管激情有多强烈，通过理性的恰当运用和行动前仔细地审察，人总能控制它。

有些激情由好的事物引起，有些激情由坏的事物引起。激情促使我们去追逐使人高兴的事物或躲避令人不快的事物。给后一
22 种激情比前一种激情更多的善意或纵容是符合人性的，而危险和无法忍受的则是引起这些激情的恶。通常认为缺少了善人也可以生活，因为对于我们本性的保存来讲，善并不是必需的；但是屈服于恶则要糟糕得多，因为这意味着人性的毁灭。

15. 最后，通过分析长久或暂时的完全偏离理性的几种不正常情形，我们会在某些人身上发现一种通常性的行为，一种非常严重地干涉理性发挥作用的暂时性变态。这是指由于服用特定的物质

而引起的迷醉状态。这些物质引起使血液和心灵混乱失序的剧烈活动，使人容易纵欲和愤怒、鲁莽和溺乐。有些人好像偏离了自己——也就是说，处在沉迷状态——并表现出完全不同于清醒时的特征。迷醉并不必然导致理性完全丧失作用，但是由于它是自我强加的，它就容易使行为在它的影响下变得有害而非有益。

16. 由意志产生并受意志支配的人类行为被称为自愿的行为，所以人违背意志而为的行为便是非自愿的行为。这里的非自愿是狭义上的，因为在广义上，它还包括因疏忽而行为的情形。因此在这里"非自愿"一词和"被迫"一词同意。亦即，如果一个人被一种更强大的外在原则所强迫，只要他通过身体反抗等任何方式证明自己不情愿并且缺乏同意，他就是被迫的。尽管不是特别恰当，"非自愿"一词也适用于如下情形：被一些紧迫的需要所迫选择(并做了)较小的恶，而在没有这种强制限制的其他情形下，行为人可能会因害怕而避开。这种行为通常被称作混合型行为。在现实情况下，意志将它们作为较小的恶而选择——在这一点上它们和自愿的行为有相似之处；但是就结果来说，它们又和非自愿行为有相似之处，因为通常要么不要行为者承当全部责任，要么让行为者承担比自发行为小的责任。

17. 人类行为的特点——由智力和意志引起并受其指引——是它可以归咎于某人，或者某人可以被恰当地称作行为者并应对 23
此行为负责；行为的后果也归诸于行为人。要使行为归咎于某人，没有比这更好的原因了：行为直接或间接地由某人引起，他意识到了并且希望它发生，或者该不该行动在他的控制之下。因此，从人类审判的角度看，道德戒律的首要公理就是：一个人应对那些他可

以选择做或不做的行为负责。也可以这样表述:可以被人控制和有余地被选择做与不做的任何行为都可以归咎于人。相反地,如果人无法控制行为本身或引起行为发生的原因,他就不应该被视为行为者。

18. 从这些前提出发,我们将形成一些特定的主张,用以界定什么行为可以归咎于人或者人在什么时候可以被视为行为的发起者。

第一,任何他人的行为,他人做的事,和任何事件都不可归咎于某人,除非他可以并有义务控制它们的发生。一个人常常对他人的行为负有指导责任。在这种情况下,如果一方做出了一个行为,而另一方却没尽到他的职责,那么这个行为就不仅被归咎于直接行为人,还被归咎于没有尽可能地去为适当指导行为的人。但是,这一归责是有界限和范围的,所以,"可能"一词就在道德可能性意义上被使用并做了一些保留。因为服从者的自由并没有因服从于他人的事实而被剥夺;他仍可以继续反抗他人的控制并按自己的方式行动;并且人类的生活方式也不允许一个人像控制自己的附属物那样完全控制他人的行为。因此,如果义务人按义务的要求做了他该做的一切,但是受指导者仍犯了错,那就只能将行为归于行为者。

类似地,因为人对动物拥有所有权,在动物给他人造成了损失的情况下,如果主人没有尽到适当的注意和看管义务,就应当对损失负责。

24 类似地,一个人应对他人的损失负责——如果他应当并且可以除去损害发生的原因和机会。例如,因为人可以通过推动或阻碍的方式控制自然事物的运行，只要他们的努力或疏忽对结果有关键性的影响，他们就应对任何收益或损失负责。

在特殊情况下，人有时也被要求对超出人力控制的事件负责，像神赋予某个特定的人特殊的性格一样。

除了以上情形和类似的情形之外，人只要对自己的行为负责就足够了。

19. 第二，存在着个人无法决定其有无的身体性缺陷。他不应对这些缺陷负责，除非他未尽力去弥补天然的缺陷或增强他已有的天生的能力。比如，没有人能够给自己一个聪慧的脑子或者一个强壮的身体，因此他就不应对这些事负责，除非他忽略了自己能力的发展。同理，不是农村人而是城里人和朝臣应因自己的陋行而受到谴责。因此，因为人无法掌控的一些特征——比如身材矮小、体型不好等等——而谴责他人是极其荒谬的。

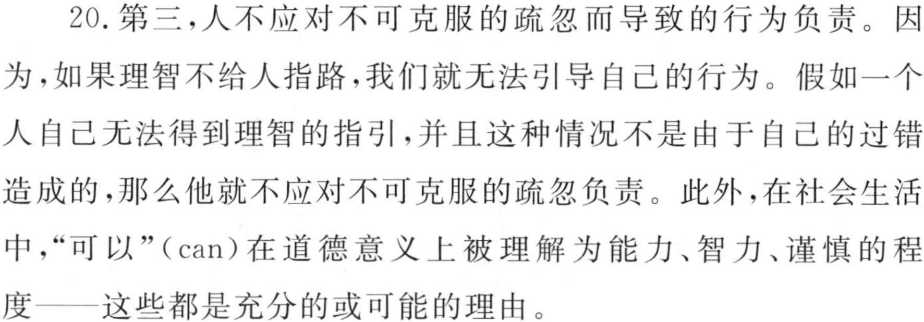

20. 第三，人不应对不可克服的疏忽而导致的行为负责。因为，如果理智不给人指路，我们就无法引导自己的行为。假如一个人自己无法得到理智的指引，并且这种情况不是由于自己的过错造成的，那么他就不应对不可克服的疏忽负责。此外，在社会生活中，“可以”(can)在道德意义上被理解为能力、智力、谨慎的程度——这些都是充分的或可能的理由。

21. 第四，对法律和我们所负义务的疏忽或认识错误都不能使我们免除责任。因为制定法律并赋予我们义务的人应当——并且在正常情形下也做到了——保证法律和义务被臣民知晓。并且法律和义务规则应当——并且在正常情形下也是——能被臣民所理解；每个人都应尽力知晓并记住它们。因此，疏忽的人就有义务对疏忽引起的行为负责。

22. 第五，如果一个人非出于自己的过错而没有机会作为，那么他就不应为自己的不作为负责。“机会”包含以下四个方面的含
25 义：(1)行为的目标唾手可得；(2)有躲避他人妨碍和伤害的方便处所；(3)有不被其他事务所迫的合适的时间，同样，这一时间对和行为有关的其他人也是方便的；最后，(4)我们有足够的能力做某事。因为行为缺少这些条件是不可能被做出的，所以让一个人对他没有机会实施的行为负责实在是荒谬的。例如，如果没有病人，就不能责备医生懒惰；穷人没有慷慨的机会；一个人量才申请一个职位却被拒绝，就不应再责备他隐才不用；越多地被给予，就应越多地付出；[①]我们不可能同时吸入又呼出。[②]

23. 第六，一个人不因没做超出他能力范围并且靠他的能力也无法努力达到的事负责。因此，一般的规则是：不存在做不可能之事的义务。然而，它必须附加一个条件：一个人没有因自己的过错而削弱或破坏了自己的行为能力。如果上述情况发生了，他仍被视作有行为能力，否则，靠故意毁坏自己行为能力的方式来规避甚至是非常小的义务就是非常容易的。

24. 第七，如果躲避或逃脱某一强迫是不可能的，一个人就不应对受此强迫而为的行为负责。我们受到的强迫可分为两种：(1)强势一方用武力使我们做出或者承受某事；(2)如果我们做或不做某事，强势一方便用即刻的、严重的伤害相威胁（并且他具有立即

① 比较 Luke，12：48。

② 比较 Plautus，*Mostellaria*，791。

实施威胁的能力)。因为在这种情况下,除非我们有明确的义务用自己的损失去补救他人本应遭受的灾祸,否则使这一损害成为可能的人就应被视为犯罪行为的实施者。而我们充其量不过是杀人的剑斧。

25.第八,没有理性的人不应对他们自己的行为负责。因为他们无法清楚地认识到自己应当做什么,也就不能将行为和规则相对照。在理性尚未在任何程度上显现自身之前,婴幼儿的行为就 26
属于这种情况。因为他们所做的某些事情而责打他们,不是指(在正义的意义上)他们应受惩罚,而仅是将其作为纠正和教训的手段,从而使他们不致因此类行为而遭人厌弃或养成坏的习惯。同样,疯子、精神病人和衰老之人的行为也不被认为是人的行为,因为他们的缺陷不是由他们自己的过错引起的。

26.第九(也是最后),人不应对自己睡梦中的行为负责,除非他乐意在白天反复思想,并因此使得这一想象在他脑中留下了深刻的印象。但是在审判实践中人们很少注意到这一点。换言之,熟睡中的想象就像一只没有领航员而漂泊的船只,将要产生什么后果不是人力所能控制的。

27.在讨论替代责任时,我们必须对此有着清醒的认识:有时一个行为不是被归于事实上的行为者,而是被归于仅将其作为工具利用的人。然而,更为普遍的是,行为者和他人——通过作为或不作为而成为行为的帮助者——对行为负共同的责任。共同责任的分担主要有三种形式:他人是行为的主要原因,而行为者则是次要原因;两人责任相等;他人是行为的次要原因,而行为者则是行为的主要原因。

第一种形式中的他人包括：通过自己的权威让别人行为的人；没有其同意，别人就不会做出某行为；应当并且可以阻止某行为的发生，但却没有阻止的人。

第二种形式中的他人包括：委托或雇用别人犯罪的人；帮助别人行为的人；为别的行为人提供庇护和保护的人；应当并且可以帮助受害者，但却没有帮助的人。

第三种形式中的他人包括：为别人行为提供特别建议的人；在事前同意或赞成实施犯罪行为的人；通过榜样示范鼓励恶行的人，等等。

第二章　论人类行为的规则或一般意义上的法 27

1. 人类行为由意志引起。但一个人的意志行为并不总是前后一贯的，不同的人意志倾向也各不相同。而人已获得秩序并体面行事，所以必然存在着意志可以遵守的规则。否则，如果每个人——具有意志自由，并且嗜好欲望各不相同——都是任性而为，从不反思性地参照既定的规则，那么就会不可避免地在人们中间引发极大的混乱。

2. 这一既定规则就是法律（*lex*）。法律是一种律令，权威者借助它迫使臣民的行为与他自己的命令（prescript，*praescriptum*）相符合。

3. 为更好地理解这一定义，就必须回答下列问题：什么是义务？什么是义务的渊源？谁可以承受义务？谁可以施加义务于他人？

义务常被看做是权利的镣铐，它约束我们必须为某种行为。也就是说，义务给我们的自由之马安上了马勒子。所以，尽管意志事实上可以选择不同的倾向，它仍然发现自己被一种内在的感觉所引导（姑且这么说）。这就使它意识到，如果行为的后果和既定的规则不一致，那么如此行为便是错误的。所以，如果某种不利的后果因此而加诸于他，他也会认为是罪有应得，因为他可以通过遵守规则而避免这一结果，他本应该这么做。

4. 一个人适合承受义务的原因有两个：(1)他有按不同倾向行
28 为的意志能力，因此可以遵守规则。(2)他必须服从权威者的权威。因为依照其性质，个人的行为必须要和特定的行为模式相符合，所以不存在所谓的自由行为；向一个不可能理解也不可能遵守的人颁布规则是没有意义的。如果满足下列条件，一个人就可以承受义务：在他之上存在一个权威者；他可以理解既定的规则；他具有采取不同行为倾向的意志能力；如果规则已被权威者颁布，他可以意识到背离规则而行是不正确的。毫无疑问，人的这种特性是天赋的。

5. 义务观念是由权威者引入人心的。该权威者不仅有能力对不服从者实施伤害，而且可以限制我们的意志自由，使我们朝向他指引的方向。如果处于这种权威地位的人已表明了自己的意愿，恐惧和尊重(respect，*reverentia*)的感觉必然在人心(mind，*animus*)中产生。恐惧是因为权力；尊重则来自于对理由的反思，这些理由促使人接受权威者的意志，甚至在没有恐惧的情况下也会如此。如果一个人除了武力不能给出其他理由说明他为什么要将违背我意志的义务强加于我，这确实可以使我害怕。所以我觉得暂时服从更好(*satius*)，以避免更大的恶。但是一旦威胁消失，就没有什么可以阻止我按我自己的意志而不是他意志行事了。而另一方面，如果一个人有理由让我服从他，但是却缺乏对我施加伤害的能力，那么我就可以忽视他的命令而不受惩罚，除非比他更强大的人出来支持被我藐视的权威。

一个人要求他人服从于自己的正当性理由有：他给了他人非同寻常的利益；他具有明显的利他之心，并且可以为他人谋求更多的他们自己无法谋求的利益；他在为上述行为的同时提出了支配他人的要求；最后，另一方自愿服从于他并接受他的支配。

6. 要想使法律在人的心里发生作用，就必须使人知道立法者是谁，法律的内容是什么。因为如果一个人不知道他应当服从于谁或者他应当做什么，他就不会服从。

要想知道立法者是谁非常简单。就自然法而言，理性清晰地告诉我们，它们的制定者就是宇宙的创造者。而对公民来说，他不会不知道谁对他享有权威。

现在要说明的是自然法是如何被知晓的。公民社会的法通过
清晰的规范和公开颁布而为人知晓。在制定法律时，制定者应使 29
以下两点异常清晰：首先，法律的制定者是在一国中掌握主权的人；其次，法律的含义是什么。当主权者自己或通过他的代表制定法律或在法律上签字的时候，第一个要素就已经明确了。如果很明显立法是他们所任职机构的职能并且他们就是因立法而被起用的；或者那些法律在法庭上被适用；或者他们并未毁损主权，那么质疑他们的权威就是徒劳无效的。为使法律的含义被正确地领悟，制定者有义务使它们尽可能地清晰明确。如果法律中确实有不清晰的地方，就必须向立法者或被公开任命、负有依法审判职责的人寻求解释。

7. 每一部完整的法律都包括两部分：一部分规定什么该做、什么不该做；另一部分规定对忽视律令（percept）或为禁止事项的人的处罚。由于人性的邪恶，它喜欢去做被禁止的事项，所以仅规定

“做这个！”，而不规定不如此行为便会导致的不利恶果，是没有用的。同样，仅规定“你将受到惩罚”，而没有首先明确什么会招致惩罚，也是荒谬的。

所以法律完全的效力在于使人明知权威者想要我们做什么、不做什么，违法者将受到的处罚是什么。创设义务——亦即，施加一种内在必要性——的权力和通过惩罚迫使人守法的权力，恰当地属于立法者和受托保护并执行法律的人。

8. 法律施加于某人的义务，不仅应是他力所能及的，而且还应对他或其他人有用。一方面，如果某人确实并且一直无力做某事，那么将其置于惩罚的威胁之下要求他做某事，便是荒谬和残忍的。另一方面，如果不能给任何人带来好处的话，也就没有必要克减意志的天赋自由。

9. 尽管一部法律通常牵涉到法律适用于其间并且立法者未明
30 确给予豁免的所有立法者的臣民，但是有时一个特定的人的法律义务却可能被特别地豁免掉。这就是“特许”(dispensation)。特许权只属于有权决定是否立法的人。但应注意不应因为缺乏重大理由、考虑不周行使特许权而削弱法律的权威，并在臣民中引起妒忌和愤慨。

10. 衡平(equity)不同于特许。它是对法律普遍适用所带来的不足的纠正，或者是对法律的艺术性解释——自然理性告诉我们对于某些特殊情况，一般法(general law)并没有规定，所以适用它便会产生荒谬的结果。由于无限的多样性，立法者无法预见到所有的情况并加以明确的规定。因此，负责将法律的一般性规定适用于特殊案件的法官，必须将特定类型的案件——如果立法者遇到或预见到，也会将其排除出去——排除出法律的适用范围。

11. 因其与道德规则的相关性和一致性，人类行为获得了特定的性质和属性。

那些没有被法律以任何一种方式调整的行为就被认为是合法的或被允许的。然而必须承认，有时在社会生活中（在其中并非所有的细节都与应然相符合），有些事情因其未被人类法庭所禁止就被认为是合法的，尽管它们与自然的善相抵触。

依法做出的行为就是善（good，*bonus*），违法就是恶（bad，*malus*）。一个行为要成为善行，就必须完全与法律相符合；一个行为要成为恶行，只需有一点与法律不符就够了。

12.“正义”（justice）有时是行为的一种属性，有时是人的一种属性。当正义被归于人时，它常常是指有意将各人的东西给予各人的一贯的、持续的意志。[①] 正义的人是指乐于做正义之事或追求正义或尽全力做正义之事的人。与此相反，不将各人的东西给予各人的人，或者不是将义务而是将自己的眼前利益作为行为标准的人，就是不正义的人。因此，正义之人的有些行为可能是不正 31
义，反之亦然。对正义的人来说，行正义之事是因为法律命令的存在，行不正义之事则仅是因为人性的软弱；而不正义的人行正义之事则是因为法律惩罚的存在，行不正义之事则是因为内心的邪恶。

13. 作为行为的一种属性的正义是指针对他人之行为的适当性。在有意或明知的情况下针对应当承受该行为的人所做出的行为就是正义的行为。所以，正义的行为和善的行为之间的最大区

① 比较 Justinian，*Institutes*，Ⅰ. Ⅰ pr. ，*Digest*，Ⅰ. Ⅰ. 10。

别就是善仅指行为与法律相符合，而正义还涉及与行为对象的关系。这也是人们为什么称正义是涉及他人的一种德行的原因。

14. 关于正义的分类，人们意见并不一致。最为人接受的是将正义分为普遍正义和特殊正义。普遍正义是指履行所有类型的对他人的义务，即使这些义务不能强制执行或向法庭起诉。特殊正义是指为他人依权利要求的特定的行为，它又可以分为分配正义和交换正义。分配正义依赖于社会和其成员就损益(loss and gain)分摊比例达成的契约；相反地，交换正义则依赖于双边合同(contract)，该类合同主要和商业事务、商业行为有关。

15. 知道了什么是正义，我们就很容易推出非正义(injustice)的性质。我们必须注意此类不正义的行为——蓄意做出并且侵犯了他人依完全权利应享有或实际享有的东西(不管这东西是如何得到的)——被恰当地称为“不法行为”(wrong)。不法行为有三种：剥夺某人依据自有权利(不是指天赋权利，即只以人道主义或近似德性为基础的权利)而可能要求的东西；剥夺某人依据合法的权利而享有的东西；将我们本无权相加的损害强加于他人之上。不法行为还要求行为人有预谋和恶意。在没有恶意的情况下，对他人造成损害就被认为是意外事件或过错。过错的严重程度依赖于草率或疏忽的程度，正是它造成了别人的损失。

32 16. 根据制定者的不同，可将法律分为神法(divine law)和人法(human law)；前者由上帝制定，后者则由人制定。但是如果从是否必要以及是否普遍适用于全人类的角度来看，又可以将法律分为自然法和实在法。自然法(natural law)是与人的理性和社会性相契合的法律，如果离开了它根本就不可能有善而和平的人类社会存在。因此，可以靠人的天赋理性和反思普遍的人性来探寻并认识它。实在法(positive law)不是从普遍的人性中得出来的，它只是立法者意志的产物。但是，如果它背离了它自身的基本原理并且对它所要服务的特定的人或社会毫无用处，它就不应当被视为法律。

神法可被分为两类，一类是自然法，一类是实在法。但是所有的人类法，在严格意义上讲都是实在法。

33 # 第三章　论自然法

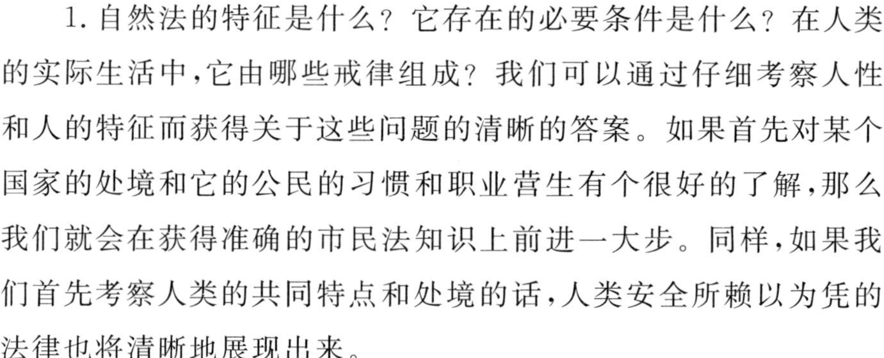

1. 自然法的特征是什么？它存在的必要条件是什么？在人类的实际生活中，它由哪些戒律组成？我们可以通过仔细考察人性和人的特征而获得关于这些问题的清晰的答案。如果首先对某个国家的处境和它的公民的习惯和职业营生有个很好的了解，那么我们就会在获得准确的市民法知识上前进一大步。同样，如果我们首先考察人类的共同特点和处境的话，人类安全所赖以为凭的法律也将清晰地展现出来。

2. 和所有具有感觉的生物一样，人最为珍视自己，并想尽一切办法保存自己，努力获取对自己有用的东西，躲避对自己有害的东西。这一激情是如此强烈，以至于其他所有激情都得让位给它。如果有人要威胁他的安全，他会奋起抵抗；他的抵抗如此积极，以至于在攻击被击退很长时间之后，报复的仇恨和欲望通常还会存在。

3. 另一方面，人类的境况似乎比畜类更糟糕，因为很少有其他动物像人这样生下来就如此脆弱。如果没有其他人的帮助，一个人类个体能够长大成熟的话，那将是一个奇迹。因为即使是在现时代，虽然有如此多的事物可以被用来满足人的需要，但一个人仍需要几年悉心的照料与训练才能够自己吃饭、穿衣。让我们想象

一下一个人不靠他人照看和养育而自己成年的情形：除了因他自
己的智力而自发产生的知识，他将不再拥有任何知识；他将处于孤
独的状态，没有他人的帮助和陪伴。很明显，我们看到的将是一个
无比可怜的动物，不会说话，赤身裸体，没有生活资源，只好撕扯草 34
根或采摘野果，从小溪河流或路前的水坑中取水解渴，寻找洞穴以
躲避暴风雨的袭击或者用苔藓和野草护体以保持健康。无事可
做，度日如年；一有声响或其他动物接近，他便会恐慌；最后可能会
死于饥寒或成为野兽的美餐。

与此相反，当前人类生活中的一切好处都来自于人们的相互帮助。使人类生活更美好的东西不是来自于外界——伟大而仁慈的上帝除外——而是来自于人本身。

4.但是，具有互助性的人类却有很多恶习，并且具有强大的伤害能力。他的恶习使得和他相处成为危险的事情，其他人应尽可能地保持谨慎以避免受到他的伤害。

首先，他具有比其他畜类更强烈的伤害他人的倾向。引起畜类纷争的唯一的东西是对食物和性的欲求，而这两个欲望是很容易被满足的。当这些欲望被搁在一边时，除非受到挑衅，否则它们不会轻易发怒或伤害其他同类。但是人在任何情况下都可以进行性行为，并且频繁地被强烈的性欲所撩拨，远远超过了物种存续所必需的限度。他不仅想填饱肚子还想吃得好，并且他的胃口常常大得超过了他的消化能力。大自然使畜类不需要穿衣，但人却需要穿衣，既是为了蔽体也是为了虚荣。在人身上还可以发现许多畜类所没有的激情和欲望，比如：希求非必需品、贪婪、追求荣誉和高人一等、嫉妒、钩心斗角的纷争。很明显，很多给人类造成伤害

的战争，都是由为畜类所不知晓的原因引起的。所有这些因素都可能并且也确实在刺激人们互相伤害。此外，很多人身上还有一种特别的欲望——侵犯他人，这必然会导致对他人的侵害。不管
35 如何压抑自己的怒火，为了保护自己的身躯和自由，遭受侵害者必然会进行反击。有时人们也会因为匮乏而互相侵害，因为他们掌握的资源不能满足他们的需要。

5. 人们互相侵害的能力也非常的强大。他们虽然不像畜类那样，因为其牙齿、蹄子或角而令人畏惧，但是他们灵巧的双手却可以发展成最厉害的伤人武器。并且他们的智力创造力使得依靠欺诈和诡计发动攻击变得异常容易，公开的突袭更是不在话下。因此，致人死亡变得非常容易，而这是人最大的自然邪恶。

6. 最后，我们必须意识到，和其他任何物种都不同，人类的思想是极其复杂多样的。同种动物有着几乎相同的嗜好，受着相似的情绪和欲望的指引。但是在人类中，有多少人就有多少种脾性，每个人都有自己的嗜好。人不是被一个简单而统一的欲望，而是被一个复杂的、多样化的欲望结合体所驱使的。实际上，人常常不同于过去的自己，在自己曾经喜爱的事物面前变得畏首畏尾。人类的很多活动、习性和倾向都是为了彰显思想的力量，正如现时代人们所选择的几乎不受任何限制的生活方式所显示的那样。正是因为这些原因才有必要对它们进行细致地调整和控制，以避免它们之间的相互冲突。

7. 人是一种关心自己的生存、需要，没有同伴的帮助便不能自存，从互助中受益匪浅的动物。然而，同样地，他同时又具有攻击性、挑衅性，容易被激怒，一有可能便去伤害别人。因此，结论是：

为了安全，社会化对他来讲是必要的。也就是和他的同类联合起来，向他们聚拢，这样他们便不会寻找莫须有的罪名加害他，进而变得愿意保护和促进他的利益。

8. 这种社会性（sociality，*socialitas*）法律——教导一个人如何使自己成为人类社会一个有用成员的法律——就是自然法。

9. 所以很明显，最基本的自然法是：每一个人都应尽其所能地培养和保存社会性。想要达到目的就必须要重视达到目的所必不 36
可少的手段。因此，所有必然和通常会有助于社会性的事项都是自然法所允许的，所有破坏和违反社会性的事项都是自然法所禁止的。

其余的律令都可以归入这一基本法则。它们是不证自明的，这一点已为人所固有的天赋悟性（natural light）所揭示。

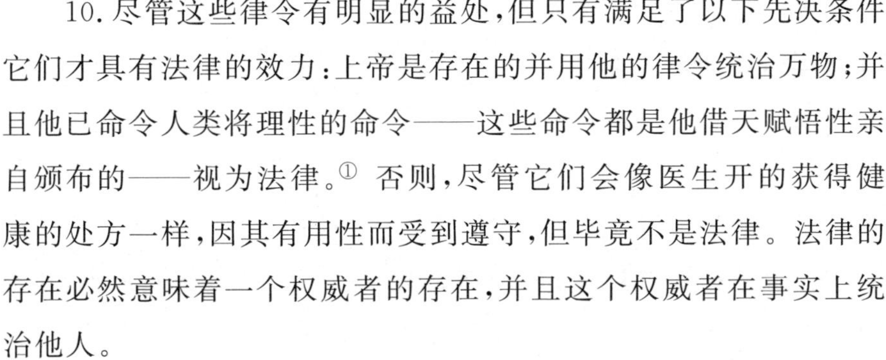

10. 尽管这些律令有明显的益处，但只有满足了以下先决条件它们才具有法律的效力：上帝是存在的并用他的律令统治万物；并且他已命令人类将理性的命令——这些命令都是他借天赋悟性亲自颁布的——视为法律。[①] 否则，尽管它们会像医生开的获得健康的处方一样，因其有用性而受到遵守，但毕竟不是法律。法律的存在必然意味着一个权威者的存在，并且这个权威者在事实上统治他人。

11. 如果我们将自己限定在目前的状况下，不去管我们的原始状况是否与此不同，这其中的变化又是如何发生的，那么对上帝就是自然法的创制者的证明就需要借助于天赋理性（natural rea-

① “*promulgatas*”：*cf.* Ⅰ. 2. 16 on positive legislation.

son)。

人的本性就是如此，以至于人类离开了社会生活便没有安全可言，并且人的思想中也存在服务于这一目的的观念。同样明显的是，和其他被造物一样，人来源于上帝，并且不管人目前的状况如何，都在天意的掌管之下。因此，上帝希望人利用他独有的能力——他之所以被认为优于动物的那种能力——来保存自己；他也希望人的生活不同于无法律的生活。正因为人不遵守自然法便无法达到这一目标，所以，作为手段，上帝使人有义务服从自然法。这是上帝为了达到目的而自己明示的，不是基于人的意志，也不是人可以因自己的好恶而改变的。命令他人达到某种目标的人也被认为已给定了达到目标所必须采取的手段。

信仰意识或对神的惧怕并没有在其他生物中发现——不受法律约束的动物似乎并不理解这种意识，这也标志着神的权威已将
37 社会生活施加给了人类。这种意识就是只要是不完全疯的人都会有的发虚的感觉的起源。当人们违犯了自然法，这种感觉就告诉人们他们犯了罪，他们侵犯了神。神在人的思想中具有权威，尽管来自于人的恐惧并不存在，人们还是惧怕神。

12.“法律自然地被知晓”这句话不应当做表面化的理解：认为事实上从出生的那一刻起，人们的心中对于什么该做什么不该做就有着清晰的认识。它一方面是指人可以靠理性能力认识法律。另一方面则意味着至少自然法的一般和重要的戒律是如此地简明和清晰，以至于它们很容易被认同；它们是如此地深入人心，以至于永远不可能从人们心目中被抹去——尽管愚顽的人可能会竭尽全力地去消灭它们，除去良知的发现。所以，《圣经》上说，它们是

“铭刻于人心”的。因为从小时候起，通过日常生活的戒律我们就被灌输了关于它的思想，并且由于我们已无法记起我们是什么时候开始接受它的，所以我们认为出生的时候它们就已在我们的心中了。对于我们的母语我们也是这种感受。

13. 或许按照义务被施加的对象给自然法加于人的义务进行分类是最恰当的。按这一标准它们可以被分为三类：第一类义务教导人，仅以正当理性的命令为基础，人应当如何对待上帝；第二类义务教导人应当如何对待自己；第三类义务教导人应当如何对待其他人。自然法中针对其他人的义务都主要和直接地来源于社会性，我们已把它作为自然法的基础。对创世者上帝的义务也可以间接地从社会性中推导出来，因为绝大多数的针对其他人的义务来自于信仰和对神的惧怕。所以如果一个人没有被灌输信仰观念，它甚至就没有社会化。因为在信仰中，理性本身只能增进宗教促进和平与社会性的现世生活的能力；所以，只要信仰拯救了灵魂，那就是来自于神的启示。然而，人对自己的义务来自于信仰和社会性两方面。在某些事情上人不能按自己专断的意见行事，因 38
为一方面他应当适合于崇拜上帝，另一方面他应当成为可被容纳的和有用的社会成员。

39

第四章 论人对上帝的义务或自然信仰

1. 只要人对上帝的义务可以从天赋理性中推导出来，它就仅包含以下两条内容：第一，正确地认识上帝；第二，使我们的行为符合神的意志。所以自然信仰(natural religion)由理论上的要求和实践上的要求组成。

2. 提到每一个人都应具有的关于上帝的观念，首先是对上帝存在的确信，也就是确信存在一个至高的初始的存在者，而他正是这个世界所依赖的。这一点已被哲学家通过下列事实清晰地证明了：目标的从属性，它只能从某些在先的事物中寻找存在的目的；运动；对宇宙结构的反思；类似的其他论据。声称不理解这些论据并不能成为无神论的理由。因为这一确信是整个人类一贯的财富，所以任何想推翻这一确信的人不仅应提出强烈的反对意见，以驳斥上帝存在的理论，还应进一步提出支持自己立场的具有说服力的理由。同时，因为迄今为止，人类的拯救也被认为是以这一确信为基础的，所以他还应指出对人类来讲坚持无神论比虔诚的信仰上帝更好。因为要做到这一切是不可能的，所以我们必须毫无保留地憎恶并严厉惩罚所有的不敬者——只要他们有任何动摇这一确信的企图。

3. 其次是认识到上帝是这个宇宙的创造者。因为很明显这个世界不可能自己创造自己，所以它的存在肯定有原因。这个原因就是上帝。

因此，宣称自然是所有事物和结果的终极原因——人们一直 40
都在这样做——是错误的。因为如果将“自然”看做是原因性结果和事物运动的动力，这本身就证明了自然的创造者（也就是上帝）的存在。到目前为止，一直是自然的力量在为否定上帝存在的理论提供支持。然而，如果“自然”是指所有存在的最高原因，那么避而不用这一简单的、已被接受的名词“上帝”，就是一种无法使人满意的亵渎。

认为上帝存在于可以经验到的事物——特别是星体——中间也是错误的。因为构成这些事物的质料说明它们不是原初性的而是来自于其他事物。

声称上帝是世界灵魂的人的观念也是错误的。因为世界的灵魂——不管它实际上是什么——总是世界的一部分。然而事物的一部分如何成为事物的原因，即成为先于它的事物？另外，如果用世界的灵魂指事物所依赖的不可见的动力，那么就是用难以理解的、隐喻性的表达代替简明的词汇。

从这一点也可以明显地看出世界不是永恒的。因为这和派生事物的本质是不相符合的。谁坚持世界是永恒的，就是不承认世界是派生的，也就是不承认上帝本身。

4. 第三是认识到上帝指引着整个世界和人类。神圣不变的宇宙秩序就是明证。一个人无论是否认上帝的存在还是否认上帝过问人间事务，其道德结果都是一样的，因为这两种想法完全破坏了信仰。而且，我们也没有理由害怕或崇拜一个和我们无关、不愿意也不可能对我们施加好的或坏的影响的存在物，无论他自身是多么的伟大。

5. 第四是认识到任何不完美的属性都是与上帝不相称的。因为他是所有存在物的起源，所以如果有任何被造物可以创造出不属于上帝的完美概念那将是荒谬的。另外，因为上帝的完美以无限多的方式超越了平庸被造物的智力能力，所以用否定词而不是肯定词来表达他的完美是恰当的。所以，不能将任何特定、有限事
41 物的属性归于上帝，因为总有比任何特定事物更伟大的存在。并且任何描绘都有范围和界限。事实上，甚至不能说他可以被我们的想象力或灵魂能力所明确而清晰地理解或把握，因为我们有能力去清晰、明确地把握的事物都是有限的。在我们的心中没有完整的上帝的概念，因为他是无限的。恰当地讲，"无限"并未指明对象的任何属性，而仅指我们智力的有限性，就像是说我们把握不住上帝本质的伟大。因此说他有很多部分或者他是一个整体都是不正确的，因为这些都是有限事物的属性。亦不能说他存在于一个特定的地方，因为这意味着给他的伟大施加了范围和限制。亦不能说他在运动或在休息，因为这都意味着在空间中存在。

因此不可能恰当地将任何表示痛苦或激情的东西，比如生气、后悔或同情，归于上帝（我用"恰当"一词是因为在《圣经》中，这些东西都被归于上帝，它用表示人类感情的词来表示结果而不是动机）。同样，也不可能恰当地将任何表示善的缺乏的东西，比如欲望、希望、渴慕、性爱，归于上帝。它们意味着缺乏，也就是不完美，因为欲求、希望和渴慕只能被理解为指向某人缺乏或没有的东西。

提到智力、意志、知识和感觉活动，比如看和听，也是如此；如果要将这些词归于上帝，就必须采用比将其归于人类时远为神圣的方式进行。因为意志是理性的欲望（rational desire），并且欲望以没有和缺乏相关的对象为前提。同样，人的智力和感觉包含着对象在人体器官上留下的印迹和灵魂的力量，这些都是依赖的标志，因此是不完美的力量。

最后，说不止有一个神存在也和神的完美性不一致。除了完美和谐的世界需要一个统治者这一事实之外，还因为，如果有几个不依赖于上帝的具有同等能力的神同时存在的话，上帝实际上也成了有限的了。有不止一个的无限存在物，这将是一个矛盾的说法。

因此，关于上帝的属性，最符合理性的表达方式是：可以用否
定性词汇，比如无限的、无法充分理解的、极大的、永恒的（无始无 42
终）；或者用最高级，比如最好、最伟大、最有能力、最有智慧等等；或者用不特指的词汇，比如善、正义、创造者、王、主等等。这些表达与其说是为了确定地表述他还不如说是为了表明我们的崇拜和顺服。这是心灵谦卑的表示，这些心灵将所有的能想到的荣耀都归给了主。

6. 自然宗教的实践要求既和对上帝的内在信仰有关，也和对上帝的外在崇拜有关。

对上帝的内在的信仰就是指尊敬神。尊敬就是确信权力和善都归于一人。考虑到神的权力和善，人们的心灵应很自然地将最高的崇拜归于他。

因此，人们应当爱戴这位美好事物的创造者和给予者；应当把我们将来所有的幸福都交托在他手中；我们应当服从他的意志，因为公义的他所做的都是最好的事，并将最符合我们利益的东西赐给我们；我们应当敬畏这位全能者，侵犯他就是犯最大的恶；在所有事情上，我们都应当把最谦卑的服从给予这位创造者、主、统治者、至高至善者。

7. 对上帝的外在的信仰包括以下几点：

(1)将感恩归于上帝。因为人所拥有的所有好东西都是从他那儿来的。

(2)尽量地通过行为施行他的意志，或者服从他。

(3)敬拜并赞美他的伟大。

(4)向他祈祷，以守善避恶。因为祷告是信心的标志，而信心就是相信他的善和能力。

(5)只向神起誓(如果确有必要发誓的话)，并谨守誓言。这是神的全知全能所要求的。

(6)在言语上尊敬神；因为这是畏惧的标志，而畏惧是对能力的承认。因此我们不应当轻率地、徒劳地使用上帝的名字；因为这都意味着不尊重上帝。人不应当在没有必要的时候起誓，因为这
43 是徒劳的。人不应当进行有关上帝本质和统治的怪异的和傲慢的争论。因为这仅仅是试图将上帝贬低为我们自身理性的微不足道的对象。

(7)仅将优异的和适于表示荣耀的东西归于上帝。

(8)不仅要在私下里，还应在众目下公开地信仰上帝。因为隐藏某事就好像羞于做某事。相反，公开的信仰不仅证明了我们的奉献，还通过榜样鼓舞了其他人。

(9)最后，尽一切努力遵守自然法。因为怠慢上帝的权威是最大的犯罪；而服从却比所有的献祭要好。

8. 准确地讲，从人类目前状况来看，这种自然信仰的效果将仅限于今生，它对赢得永生的救赎毫无作用。因为人类理性本身非常无知，它不知道人类能力和品性中的堕落是人类罪恶的结果并应该得到上帝的惩罚和永恒的死亡。所以，对救主的需要，对他的工作和审判的需要，对上帝和人立的约以及从约而出的所有东西的需要，是人的理性所不知道的，尽管《圣经》很清楚地表明这些是人类得到永恒救赎的唯一途径。

9. 进一步更清楚地指出信仰在人类生活中的作用，从而使人认识到它是人类社会最终的和最强大的纽带，是必要的。

在自然自由状态中，如果除去对神的畏惧，那么只要一个人对自己的力量有信心，他将会向比他弱的人施加任何他想施加的侵害，并将善、羞耻和诚信当做空话。除了因自己的弱点而生的感觉之外，他没有任何的行善动机。

如果没有了信仰，国家的内在团结也将会一直得不到保障。世俗的惩罚将不足以使公民履行义务，也不足以保证公民对其权威者的忠诚，也不足以使权威者对这种忠诚抱有信心；同时，也不会使主权者认为他们的主权可以使他们免遭自然状态下的灾祸。
一旦没有了信仰，这句谚语便会应验："知道自己会如何死去的人 44
是无法被统治的。"[①]因为对不惧怕上帝的人来讲没有什么比死更可怕，有勇气藐视死亡的人可以采取任何他乐意的措施去反对政

① 对比 Seneca，*Hercules furens*，426。

府，并且他总有理由去做这些事。例如，他可能想避免他认为自己所遭受的、因被别人统治而带来的种种不利。或者他想为自己争取他亲眼见到的、掌权者所拥有的种种利益。他可以很轻易地为此类权利的行使寻找到理由：要么是因为当前的主权者治理得很糟糕，要么是因为他认为自己可以治理得更好。做出这种尝试的机会很容易获得：如果主权者没有尽力保护他的生命（在这种情况下谁来保护保护者？[①]）；如果存在巨大的阴谋；如果在一次对外战争中主权者和敌人结为盟友。此外，人们更是会随时准备彼此侵害。因为判决由法院依行为和被证明的事实做出，所以有能力秘密地进行没有证据可以证明的犯罪和营私，将会成为一个人吹嘘自己聪明的论据。没有人会从事慈善工作，也没有友谊，除非人们确信可以从中获得荣誉和回报。因为如果没有神的惩罚，就没有人能确信他人的诚信，所以人将生活在忧虑之中，将永远地害怕和怀疑自己会被他人欺骗或伤害。统治者和被统治者都不愿意做伟大的和荣耀的事情。因为没有了良心的限制，统治者将会把他们的义务，连同正义本身，视为是可以交换的，并会在所有事情上追求自己的利益、压迫他们的公民。长期生活在叛乱的威胁之下，他们会认为他们获得安全的唯一希望就在于将他们的公民变得尽量的弱小。公民们为了自己的利益——害怕受到统治者的压迫——会一直寻找反叛的机会，并同样地互不信任，生活在相互威胁之下。甚至在最小的争吵上，丈夫都会怀疑他们的妻子会用毒药或其他秘密的杀人手段反对他们，妻子也会怀疑丈夫。同样的威胁

① 对比 Juvenal，*Satires*，6. 347。

可能会来自他们的被监护人。没有信仰就不会有良心，它们常常 45
会被躁动的野心和处心积虑的谎言所背叛。所以，发现此类秘密犯罪将是困难的。从这一切可以很明显地看出，阻止各式各样的无神论和它们的传播对人类是多么的有益；那些主张靠背叛神获得政治声誉的人所采取的措施都是疯狗的行为。

46

第五章　论对己义务

1. 自爱(self-love)感深植人心,它促使人关心自己,用各种方式去获得他可能得到的所有利益。以此观之,引入一种自爱义务是没有必要的。然而从另一个方面讲,人确实对自己负有某些义务。因为人不仅为自己而生,他被造物主赋予如此好的天赋更是为了使他荣耀上帝,成为人类社会一个有用的成员。所以他必须约束自己,从而使上帝的恩赐不致因缺乏使用而被浪费掉,并且应倾其所能奉献社会。因此,通过类比便会发现,尽管一个人的无知是他自己的羞耻和损失,但是师傅(master)却有权惩罚其能所及但却怠于学习的学徒。

2. 进一步讲,人由灵魂(soul,*anima*)和肉体(body)两部分组成。灵魂具有统治者的功能,肉体具有仆人和工具的功能。所以,我们让心灵(mind,*animus*)统治,让肉体服务。二者我们都应该关注,但应特别关注前者。最重要的是,心灵必须被塑造得能够轻松地接受社会生活;它必须被义务和善的意识所充满并热爱它们。每个人都应根据自己的能力和机会接受教育,从而没有人会成为这个世界的一个无用的负担,糟蹋自己、拖累别人。他应在适当的时机选择一种适当的生活方式,这种选择应和他自己的自然爱好、智力和体力、出身、财富、父母的愿望、政治统治者的要求、机会和必要性相一致。

3. 因为心灵靠肉体支持，所以我们必须靠适当的食物和运动 47
来增强和保持体力。我们不能通过暴饮暴食、过度而不必要的辛勤劳作或其他任何方法而损害我们的体力。基于同样的理由，我们应当避免贪食、酗酒、纵欲等等。而且，因为强烈和失控的情绪不但会使人扰乱社会，还会伤害自己，所以必须尽力控制这些情绪。因为勇气可以除去很多危险，所以人必须丢弃懦弱，加强勇气，直面恐惧。

4. 生命不是人自己给的，它必须被看做是上帝的礼物。所以，很明显，人并不享有随意结束自己生命的权力。他必须得等决定他生命终点的上帝命令他死去。

然而，如果一个人是为了使自己的才能能够服务于更多的人才选择可能会缩短自己生命的生活方式，那是很正确的。因为他可以而且应当努力为他人的需要服务，而某种劳动或某种超强度的劳动可能会很耗费他的体力，从而促使他比过一种更宁静的生活更快地衰老或更早地死去。

并且，因为一个公民常常必须冒险为他人的生活服务，所以他可能被合法的统治者以最严厉的惩罚相威胁而不能以逃避来避开危险。他也可能自愿冒险——如果没有更强的理由反对这样做，并且有理由相信他的行为将会给他人带来安全，而这些人又值得花如此高的代价来拯救。如果没有合理理由就为了别人而丧失自己的生命，或者一个杰出的人为一个无价值的人而死，那就是愚蠢的。然而，一般而言，好像没有自然法要求一个人应当珍爱他人的生命胜过自己的生命。相反，如果其他情况相同，人应当优先自己。

不管怎样，无论是谁自愿结束或丢弃自己的生命，都必须被视为是对自然法的违反。不论他是被人类生活的普通困难所迫；还是忿恨不幸的遭遇（这些遭遇并没有将他们变成社会鄙视的对象）；还是害怕痛苦（如果他用勇气战胜了它们，他人可能会因他的榜样作用而获益）；抑或是信念俱空。

5. 然而，尽管自保已被人最敏感的本能和理性所修正，它却常
48 常和社会性律令相冲突。例如，当我们的安全被他人威胁，不奋起抵抗（这可能会伤害侵犯者）便有死亡或受重伤的危险时，这种情况便会发生。因此我们必须讨论在抗击他人以自卫时该怎样把握适宜的度。

进行自卫要么不伤害威胁我们的人——如果我们确信对我们的攻击也会对他本人有危险的话，要么施加伤害或致人死亡。毫无疑问前者是合法且毫无过错的。

6. 但是后者却存在问题。原因如下：无论是攻击者死还是我死，人类的损失都是相同的；在任何情况下都会有我的同伴——我有义务和他过社会生活——死去；暴力自卫看上去会比我逃走或顺服地将自己交给攻击者制造更多的混乱。

但是这些理由不足以使这种自卫成为非法。如果要我以和平的、友好的方式和某人相处，他必须以自己的立场表明他适于接受这种来自于我的义务。社会性法律想要实现人类的安全，所以它必须被正确解释以不给个人安全带来伤害。所以，如果他人想要杀死我，而又没有法律命令我牺牲我的安全，我就可以针对他的恶意而不受限制地发怒。如果有人在这种情况下受伤或被杀死，他只能怪自己的邪恶，是它使得我不得不如此行为。否则，如果我们

不可以用武力反抗想不正当地攻击我们的人，我们因自然或人工而获得的所有好东西就会被毫无理由地给予他人。如果不可以用暴力抗击邪恶的人，好人将会处于时刻可能受伤害的境地。因此，完全禁止武力自卫将会导致人类的灭亡。

7. 然而，在面临威胁时，一个人不能总采取极端的措施。他首先应尝试更谨慎的救护措施：比如，堵住攻击者的路，或者藏在一个安全的地方，或者警告攻击者停止暴力。如果有可能，一个谨慎的人会容忍轻微的伤害，并且宁愿放弃一些自己的权利也不会因不合时宜地使用暴力而使自己陷入更大的危险。如果被侵害的对象很容易恢复或被修复，就更应如此。然而，如果靠这种或近似的 49
手段都无法保障我的安全，我就可以采取甚至是极端的方法来达到目的。

8. 为了明确判断是否是正当防卫，一个人必须首先明确他是处在不臣服于任何人的自然自由状态中，还是臣属于政府。

在自然自由状态下，如果一个人对我实施侵害，同时对自己的行为不感到后悔、拒绝放弃邪恶的企图，并拒绝恢复我们之间的和平关系，那么我为了阻止他的攻击甚至可以将他杀死。不仅在他想取我性命时我可以这么做，在他只想伤害我甚或只盗取财产而不伤害我的时候，我也可以这么做。因为我不能保证他不会超越这些而实施更大的伤害，并且自愿与我为敌的人已不再受任何权利——这些权利可以阻止我采用任意的手段抗击他——的保护。实际上，如果不能采取极端的手段去反抗连续实施微小侵害的人，人类生活将会封闭化。因为这样会使温和的人成为坏人的猎物。

此外，在这种情况下，我不仅可以排除即刻的危险，在此之后还可以追击攻击者，直到我从他那里获得未来的安全保证。以下是安全规则：如果侵害者自己悔悟、寻求谅解并赔偿损失，我有义务接受，并应和他恢复友好关系。因为自己主动悔悟并寻求谅解是内心意图改变的确定标志。但是如果直到用尽所有的抵抗手段，他才有悔改的迹象，那么相信他苍白的承诺将是极不安全的。应除去这种人所有的为恶手段，或者对他施加某种限制，以免他将来又给人带来恐惧。

9. 但对隶属于政府的人来讲，只有在生命或一些与生命同样重要的、无法替代的利益陷入即刻的危险，而时空条件又不允许请求地方当局除去侵害的时候，使用暴力自卫才是正当的。并且，自卫只限于除去危险，惩罚和将来免受攻击的保障必须留给地方当局去决定。

10. 对于杀害我的行为我可以奋起自卫，不论它是出于故意还
50 是因错误而致——比如，一个人因发疯或误把我当做他仇恨的人而攻击我。因为他人没有权利攻击我或者杀害我，并且我没有义务毫无理由地受死。

11. 至于可以适宜地进行防卫的时间，我们必须遵守。在双方都处于自然自由状态的地方，尽管人们可能或应该假定其他人将会遵守自然法义务，但是由于人性的邪恶，人们不会认为自己已经很安全以至于不需要随时用正当防卫来保护自己了。这些防卫手段包括在和心怀敌意的人之间构筑障碍、招募武装力量、结盟、监视他人行动等等。但是这种由人类共同的邪恶所引起的猜忌并不足以证明借自卫之名主动用武力征服他人就是正当的。即使看到他人的力量过度增长也不应当如此行为。在他人是靠非恶意劳作或好运而不是靠压迫他人而取得力量增长的时候，更不应如此。

如果某人有能力并有意图要侵害第三人而不是我，我可以不立即以自己的名义主动攻击他，除非受条约的拘束我有义务对受到强者不正当攻击的人给予帮助。如果在征服他人之后，攻击者有可能会转向我并利用此前的胜利来对付我，迅速而及时地采取行动是符合我的利益的。

当很明显他在计划武力攻击我（即使他还没有完全显露他的意图）时，如果善意的警告确实没有希望使他消除敌意，或者这样的警告将破坏我自己的处境，那么我可以立刻主动武力自卫，并可以在他还在准备的时候就主动攻击他。因此，主动想侵害他人并准备实施的一方将被视为是侵略者；但是，自卫者的美誉将给予行动迅速并因此比行动迟缓的对手更具有优势的人。因为并不是只有已遭到攻击或者已避开或除去有目的的攻击才能成为自卫者。

12. 相反，在国家中，自卫的范围并没有这么广。因为在国家 51
之中，绝不会允许一个公民首先攻击其他公民，即使其意识到他人在准备武力攻击或散布暴力威胁也不行。相反地，应将他带到统治者面前，并以此保证安全。只有当一个人已遭到他人攻击或陷入困境没有机会请求当局或其他公民帮助的时候，他才可以用极端的措施对抗攻击者的暴力。不是想置人于死地以图报复，而是因为不这样做便无法从急迫的危险中拯救自己的生命。

在以下情形下，一个人可以先行自卫杀死他人并免受惩罚：一个摆明了要取我性命并具备侵害实力和侵害武器的攻击者，已经能够实施实际的侵害。如果我想主动攻击而不是被动受击的话，我所需要的距离也应计算在内。但是由于这种巨大的危险所引起的精神紧张，适度的防卫过限将不会被法庭追究。

正当防卫的期限一直持续到攻击者被驱逐或攻击者自动放弃攻击——他这么做要么是因为在行动时悔悟了，要么是因为他无法达到目的。因为在这种情形下，他不会再实施任何侵害，我也有了到达安全地方的机会。对侵害进行报复和保证将来的安全是政府官员和当局的责任。

13. 尽管存在这样的格言：如果用温和的方式可以避免危险，那么杀死攻击者就是不正当的。但是，考虑到紧迫的危险所导致的精神紧张，细节问题常常不会被认真地计较。因为在危险中恐慌的人不可能像平静的人思考问题那样耐心地寻找逃跑的方法。所以，尽管自愿离开安全的地方遭遇危险是鲁莽的，但如果攻击者在外攻击我，我没有必须逃跑的积极义务——除非近处正好有一个我可以安全躲避的避难所。并且即使如此我也并不总有义务躲避。因为即使那样我也将不得不暴露我的毫不设防的后背，并且在这种情况下我还有跌倒的危险。一个人一旦失足，爬起来是不容易的。

另外，如果一个人在家里可以安全地避免危险，但为了处理自
52 己的事务而在公共场合中出现，他并不因此丧失自卫请求权。但是如果一个人因受到挑战而决斗，只有打翻对手才能避免死亡，那么他将没有同样的请求权。因为法律禁止自陷危险，这不能成为杀人的理由。

14. 人可以像保护自己的生命那样保护自己的肢体。所以，如果他杀了一个可能仅仅是想破坏他的肢体或致他重伤的暴力攻击者，他将被视为无罪。因为很自然地，我们都想尽力避免残疾和受重伤。身体尤其是四肢的残疾，有时被认为和生命的丧失同样严重。事实上，致残和重伤是否会带来死亡是不确定的。这种情况下的宽容超出了人的一般忍耐力，并且法律一般不要求一个人做出这种宽容，特别是不会为了恶人的利益这么要求。

15. 一个人可以怎样保护生命，通常也可以怎样保护贞操。违背女性的意志夺去其性名誉所赖以为凭的贞操，并使她陷入被迫为她的敌人生养孩子的境地，是对良家妇女的最大凌辱。

16. 如果财产是有价值的，那么生活在自然自由中的人在保护财产时可以杀死攻击者。因为没有财产我们肯定无法生存，对财产的非法攻击所表明的敌意与攻击我们的生命所显示的敌意是一样的。

然而，在国家中这通常是不被允许的。在国家中，失窃物品由当局负责追回，除非在有些情况下偷窃者无法被交给法官。依此观之，在黑夜中杀死窃贼和抢劫者是合法的。

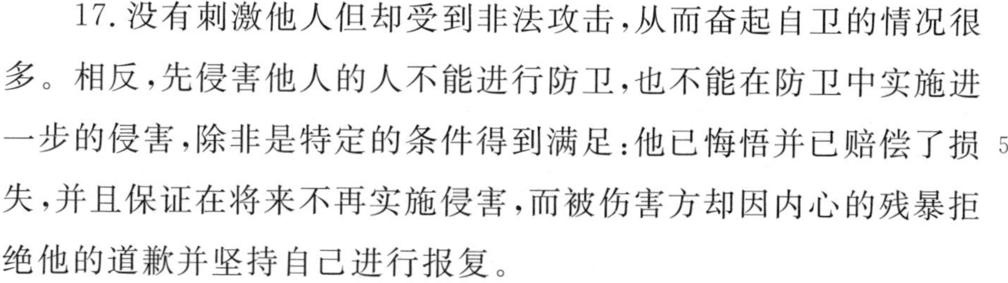

17. 没有刺激他人但却受到非法攻击，从而奋起自卫的情况很多。相反，先侵害他人的人不能进行防卫，也不能在防卫中实施进
一步的侵害，除非是特定的条件得到满足：他已悔悟并已赔偿了损 53
失，并且保证在将来不再实施侵害，而被伤害方却因内心的残暴拒绝他的道歉并坚持自己进行报复。

18. 最后，自保(self-preservation)是极其重要的。如果它是安全的唯一途径，它就可以使一个人在很多情况下不受普通法义务的约束。因此，可以说：“迫不得已的选择不犯法(necessity knows no law)。”

因为人将自我保存看得如此重要，所以他不准备承认有任何高于他自身安全的义务已被施加于他。必须承认，如果严峻的情况要求，不只上帝，政府也可能给我们施加严厉的义务，以至于我们必须面对死亡而不能逃避履行义务。但是法律义务并不总是如此严厉。因为立法者和习俗引进者都是想通过这种方式促进人类的安全和舒适；通常认为他们了解人性，知道人不会自我毁灭，相反会竭力避免。所以，法律，特别是实在法（positive laws），和所有的人类习俗一般都会对迫不得已的情况作例外规定。比如，不会施加其履行将会使人陷入毁灭境地的义务或超出人性的通常承受能力的义务，除非法律有明确的要求或者行为的性质要求如此。所以，承认迫不得已之行为（necessity）并不直接违反法律，也不是纵容犯罪。相反，由于立法者的仁慈并考虑到人的本性，这种情况被排除在法律的一般范围之外。这一点举一两个例子就清楚了。

19. 一个人通常无权处分自己的肢体，不能任意地破坏或处置它们。然而，一个人为了挽救身体的其他部分却可以截去已被不治之症感染的肢体，从而避免健康的肢体受到感染或使其他肢体的活动不受残废肢体的妨碍。

20. 假设在一次海难中，超过承载量的多个人跳上了一个救生艇，并且这只救生艇不属于他们中的任何一人。那么，他们可以抽
54 签决定谁将被扔下船板，并可以随时将拒绝抽签的人扔出去而不用考虑抽签结果，因为他想让所有的人都灭亡。

21. 如果两个人面临着同归于尽的即刻危险，一个人为了拯救自己可以采取任何措施加速另一个人的死亡（因为他迟早会死）。例如，作为一个游泳者我和另外一个不会游泳的人同时掉入了深水之中，他抓住我不放，但是我又没有力量把他和我一起带出水

面——尽管我可能把他往上带了一截。我可以用武力逼开他，以避免和他一起淹死。

同样，如果在一次海难中，我抓住了一块不能承载两个人的木板，一个人游过来想和我共用一块木板，而这将会使我们同归于尽。那么，我可以动用武力使他远离木板。

同样，如果一个死敌正在追赶两个逃跑的人，而两个人又不可能同时获救，则其中一个人可以将另一个人置于危险之中：关上身后的门，或者砍断一座桥。

22. 如果并不是要有意伤害他人，而只是为了自身安全才为某一可能致他人损害的行为；或者是已优先选择其他方式处理紧急事件，并已尽力将实际损害降到最低。那么，因必要性而间接地使他人有受重伤或丧失生命之虞就是正当的。例如，假设我正被一个比我强壮、想杀我的人追赶，碰巧一个人在我必经的窄路上和我相遇了；如果在我警告之后他不让开，或者没时间警告，或者空间太狭小他无法让开，那么我可以打倒他，从他身上跨过去继续逃跑——尽管他很可能会因此而受重伤（如果我对他负有特殊义务，我就不能这么做，因为我应当为了他而自己承受危险）。但是，如果一个挡住我去路的人尽管受到警告也不能让开——比如，他是一个未成年人或者跛子，那么，至少得有某些理由我才能继续逃跑——如果想从他身上跨过去以避免迟缓或腹背受敌的话。另外，如果一个人存心恶意阻挡我并拒绝让出我逃跑的道路，那么我可以直接将其打翻。因这种偶然性而受到伤害的人应自认倒霉而 55
承受它们。

23. 如果一个人非因自己的过错(fault)而陷入极端的贫困之

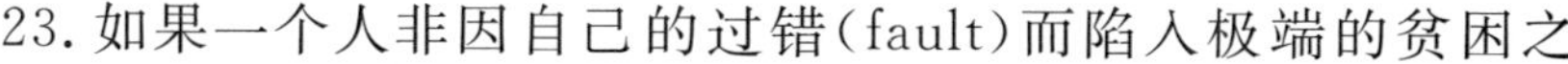

中，缺食、缺衣以御寒，并且无法靠乞讨、出卖或提供劳务说服富裕的人自愿提供衣食，那么他可以用武力夺取或者偷窃而不犯偷窃或抢劫罪。如果他有在可能的时候归还它们的想法，就更不是犯罪。因为富人应帮助那种贫穷的人，这是人道主义义务。尽管在正常情况下以人道主义为基础的义务绝对不可以强制执行，但是因极端需要赋予的对这些东西的权利绝不少于在依合法债权有权获得的东西之上的权利。然而，获得此类权利的必要条件是：贫困的人应首先用尽其他方法，靠所有者的同意来满足自己的需要；所有者现在不处在困境之中并且不会很快陷入同样悲惨的境地；并且应当归还，如果他人的财富状况不允许做出无偿帮助，更应归还。

24. 最后，影响我们自己财产的紧急事件允许我们破坏他人的财产。条件是：财产陷入危险不是我们的过错；危险不可能靠更方便的方法消除掉；我们所要破坏的他人的财产的价值不大于我们所要保护的财产的价值。如果在其他情况下受损财产不会遭破坏，我们应赔偿财产的价值；如果在其他情况下受损财产也会损失，或者受损财产救了我们的财产，我们应赔偿部分价值。这是海事法（maritime laws）遵循的衡平原则。因此，如果火灾发生并威胁着我的房屋，我可以拉倒邻居的房屋；但条件是：因此获救的房屋屋主按比例（pro rata）赔偿邻居的损失。

第六章　论普遍义务，首先是不侵犯他人 56

1. 我们现在开始讨论一个人必须履行的对他人的义务。其中有些是从上帝施加的普遍义务(common obligation)——应当将所有的人视为人——中推出来的；其他的则来自于已被引入或接受的特定风俗或由特定的偶然情形而生。前一种是每个人对每个人的义务，后一种只是特定情况下针对特定人的义务。因此可以称前一种为绝对(absolute)义务，后一种为相对(hypothetical)义务。

2. 在所有的绝对义务中，首先是不侵犯他人的义务。它是所有义务中最具深远影响的，它将所有的人当做人对待。它也是最容易懂的，除了有时需要控制和理性相冲突的激情之外，它仅由不作为构成。它也是最基本的义务，因为没有它就根本不会有人类的社会生活。我可以和一个不积极服侍我的人和平共处，也可以和一个甚至不会和我进行最基本的义务交换的人和平共处，只要他不伤害我。事实上，在很大的范围内我们希望他人只如此行为即可；我们只在相当小的范围内进行物的交换。相反地，我无法和伤害我的人和平共处。因为人天生就具有对自己和自己所有物的极度敏感的爱，所以他无法忍受并会用一切方法除掉伤害他的人。

3. 这项义务不仅会向我们天生就有的东西——比如生命、身体、四肢、贞节、自由——提供保护，也会向我们依制度、契约所获得的东西提供保护。所以这一律令禁止部分或全部地侵占、毁损、破坏、抢夺我们依法律享有的任何东西。这一戒律禁止所有的侵
57 害他人的犯罪行为——比如杀人、伤害、袭击、抢劫、偷盗、诈骗和其他暴力行为——不管是直接侵害还是间接侵害，自己实施还是利用他人实施。

4. 因此，应负责任的人必须尽力赔偿他对其他人的伤害，或者他以任何形式给他人造成的任何损失。否则，如果事实上受到伤害的人只能自己消化损失，得不到任何赔偿，而罪犯却安然地享受着犯罪果实而不用进行任何赔偿，那么“不应侵害他人”这一戒律将会成为一句空话。再者，如果不需要赔偿，人因其邪恶性将会互相侵害；只要没得到赔偿，受损失的人就不会准备和侵害者和平共处。

5. 尽管损失一般指财产损失，但此处我们将在广义上使用它。它包括所有形式的伤害、破坏、切割、减损或霸占我们依法应得的东西——不管它是自然孳息还是法定孳息，还包括依法应向我们履行义务的人遗忘或拒绝履行义务。但是如果被霸占的仅是依不完全义务(imperfect obligation)而应得到的，就不属于应赔偿的损失。因为，如果因为没得到他人自愿赠予的、可以期待获得的，在没有实际占有之前还不能被视为自己财产的东西而要求赔偿是不恰当的。

6. “损失”不仅是指我们的财产被伤害、破坏或偷盗，还指财产

孳息的损失——不管它们是已被收取，还是将要被收取（如果所有者正准备收取的话）。在这种情形下，收取孳息所必需的费用应予以扣除。预期孳息价值的高低取决于它们离可能的增长终点的近远。

最后，某一伤害行为自然而然所带来的损失被认为是单一损失的一部分。

7. 一个人不仅可以自己直接还可以借助他人致人受损。 58

如果是一个人直接致人受损，第三人也可能因实施积极行为或消极不为应为行为促成该损失而承担部分责任。

有时两人以上共谋某事，一个被视为主犯，另一个被视为从犯；有时所有的人都承担相同的责任。

在这种情况下，必须注意，那些确实施加侵害并对全部或部分损失的造成起实质作用的人应承担损害赔偿责任。但是，如果一个人对引起损失的行为没有起任何作用，没有促成该行为发生，也没有因此而获利，那么他将不承担损害赔偿责任（尽管他在该行为过程中具有某些过错）。比如，幸灾乐祸的人，事后赞同损失发生的人，事前表示希望损失发生的人，犯罪发生时表示认可和赞成的人。

8. 如果几个人共同谋划了一个导致损失的行为，主要责任应归于行为的组织者，不管他是通过命令还是通过其他强迫手段。被迫从事犯罪行为的直接实施者只被看做是犯罪的工具。未受强迫而参加犯罪活动的人，或亲自实施犯罪的人，将负主要责任；协助犯罪的人负次要责任。

如果共谋的几个人实施了一个犯罪行为，每个人都应对团体行为负责，团体也应对每个人的行为负责。因此，如果所有的人都被捕，每个人必须按份承担责任。如果其他人都逃脱了，只有一个人被捕，那么被捕之人有义务承担一切责任。如果被捕之人中有某些人无力赔偿，有财产的人将承担一切责任。但是如果同一犯罪行为的几个参加者并未共谋，并且可以清楚地查明每个人造成了多少损失，那么，每个人就只要赔偿他自己的行为造成的损失。如果一个人赔偿了所有数额，其余的人就不用再承担赔偿义务。

9.赔偿损失的责任不仅可以由故意伤害引起，也可以由不属
59 于直接故意的过失侵害引起。因为，心存谨慎从而不使我们的行为变得危险而不可忍受是社会性的重要方面。通常还存在一种特殊的义务强制人采用严格的注意标准，即使最轻微的过错也足以引起损害赔偿责任。然而，在下列情况下，这种标准就不会得到采纳：事物本身的性质不允许采用非常严格的注意标准；过错在遭受损失的一方而不在招致损失的一方；状况极度混乱或周遭环境状况不允许采用较高的注意标准，例如，一个士兵在激烈的战争中挥枪伤到了身旁的战友。

10.偶然伤到他人并且自身没有过错的人不承担赔偿责任。因为他并没有为应当承担责任的行为，没有理由让他而不是让受损者承担这种不幸的后果。

11.如果我的仆人偶然给他人造成了损失，而我并没有过错，那么我可以赔偿损失，也可以将仆人交给受损者。这是符合自然公正的。因为，在任何情况下让仆人对其自己造成的任何损失承担赔偿责任都是天经地义的。但是，他没有自己的财产可以支付赔偿，连自己的身体都属于他的主人。所以，为公平起见，主人既

可以选择赔偿损失，也可以选择交出仆人。否则的话，如果仆人可以因没有财产（甚至他自己的身体都不属于自己）而不用支付赔偿，他的主人也可以不用支付赔偿，那么就等于是允许仆人可以随意伤害任何人。无论他的主人如何责打或禁闭他以惩罚他的恶行，都无法满足受害者。

12. 对人拥有的动物适用同样的标准也是合理的。如果它们自发地违背物种的本性去活动而致人损害，而主人又没有过错，则主人可以赔偿损失或交出动物。因为，如果我是被处在自然自由状态中的动物所伤，那么我可以随时捕获或杀死它以弥补我的损失。此动物属于某人的事实并不能剥夺我的权利。主人因动物而获利，由动物带来的损失也应由其承担，并且损害赔偿应优先于主人收取利益。所以，很明显，可以合法地要求动物的主人赔偿损失，或交出动物（如果动物的主人觉得其价值小于赔偿数额的话）。

13. 总之，非因恶意而造成他人损失的人有义务给予赔偿并证
明自己的行为没有恶意，以免受害人把他当做敌人并试图报复。60
然而，恶意伤害他人的人不仅应主动给予赔偿还应对自己的行为表示悔悟并寻求谅解。作为回应，如果受害者接受赔偿，那么他就有义务原谅基于忏悔而寻求谅解的人并和他恢复友好关系。对赔偿和悔悟不满意并坚持无论如何也要为自己的利益寻求报复的人，只是为了发泄自己内心的憎恨，并在毫无理由的情况下破坏了人们之间的和平。因此，报复也被自然法所禁止，因为它的唯一目的是给曾伤害我们的人制造麻烦，用他们的痛苦安慰我们自己的心。越是倡导人们赦免彼此间的侵犯，人们就会越频繁地违背神的律法，侵犯行为就会变得日常化。

61 # 第七章　论承认人的自然平等

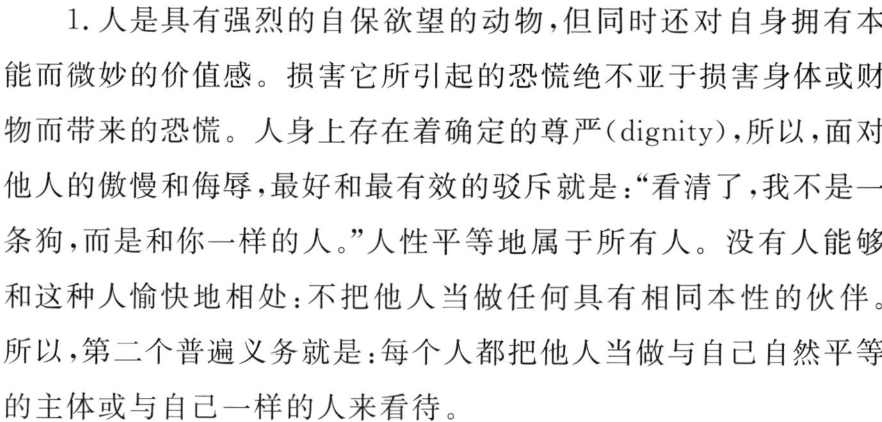

1. 人是具有强烈的自保欲望的动物，但同时还对自身拥有本能而微妙的价值感。损害它所引起的恐慌绝不亚于损害身体或财物而带来的恐慌。人身上存在着确定的尊严(dignity)，所以，面对他人的傲慢和侮辱，最好和最有效的驳斥就是："看清了，我不是一条狗，而是和你一样的人。"人性平等地属于所有人。没有人能够和这种人愉快地相处：不把他人当做任何具有相同本性的伙伴。所以，第二个普遍义务就是：每个人都把他人当做与自己自然平等的主体或与自己一样的人来看待。

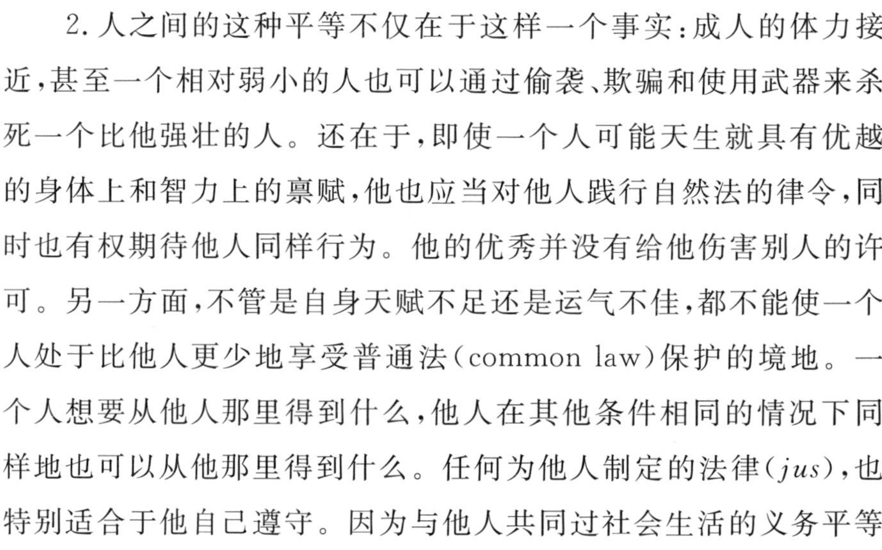

2. 人之间的这种平等不仅在于这样一个事实：成人的体力接近，甚至一个相对弱小的人也可以通过偷袭、欺骗和使用武器来杀死一个比他强壮的人。还在于，即使一个人可能天生就具有优越的身体上和智力上的禀赋，他也应当对他人践行自然法的律令，同时也有权期待他人同样行为。他的优秀并没有给他伤害别人的许可。另一方面，不管是自身天赋不足还是运气不佳，都不能使一个人处于比他人更少地享受普通法(common law)保护的境地。一个人想要从他人那里得到什么，他人在其他条件相同的情况下同样地也可以从他那里得到什么。任何为他人制定的法律(*jus*)，也特别适合于他自己遵守。因为与他人共同过社会生活的义务平等

地存在于所有人身上。在涉及到他人时，不允许一个人有权利可 62
以比他人更多地违反自然法。可以表明这种平等性的流行谚语有很多：比如，我们都来自于同一个祖先；我们以同样的方式出生、成长、死亡；上帝没有保证任何人可以永远好运。另外，基督教的教义认为，上帝的保佑并不是靠出生尊贵、权力或财富获得的；而是由于虔诚的悔改，这在低等人中和上等人中都可以存在。

3. 从这种平等性出发，如果有人想利用他人的服务增进自己的利益，就必须使自己变得对他人有用，以此作为回报。因为想要别人为自己服务，但却不想受到别人差遣的人，当然没有将他人平等对待。

所以，乐于将己所欲者施于人的人是最适合于社会的人。相反地，认为自己高于他人，只求自己完全自由，没有高于他人的特殊权利却宣称高人一等，要按特殊的份额分配财富之人就是反社会的人。因此，自然法的普遍义务还包括：任何人都不可以为自己争取比他给予别人的更多的东西（除非有特殊的权利这么做），而应当允许他人和自己一样，平等地享受属于自己的权利。

4. 这种平等性指示一个人应当如何在众人之间分配某一权利，即平等对待，不超出特定情况要求的标准而偏待任何一方。否则，受到轻视的一方会感到自己受到了侮辱和不公正地对待，自然给予的尊严受到了损坏。

所以，共同财产应在平等的人中间平均分配。在东西不允许分割的情况下，如果够用，对它拥有平等权利的人应按照各人的需要共同使用；如果不够用，他们应按约定的方式使用，并按使用者的数量决定使用比例。一个人不可以用其他的方式界定平等。但是如果标的物既不可以分割也不可以共同使用，他们应轮流使用；如果这样也不行或者这样对其他人不公平，那么就只好抽签将它给予其中的一人。因为在这些情况下，没有比碰运气更令人满意的解决办法；因为这样不存在歧视，倒霉之人的尊严也未受损伤。

5. 骄傲会使人违反这一律令。骄傲是一个人无任何理由、毫
63 无道理地将自己置于他人之上，轻视他们低于自己。我们称之为“不可理喻”。因为如果一个人通过正当的方式获得了将自己置于他人之上的权利，即使没有别人的轻蔑和冒犯，他行使和保护自己的权利也是正当的。所以，从相反的角度来看，一个人给予他人其应得的优先权和尊重是正当的。一般来讲，诚实的恭谦和好人是形影相随的。它意识到了我们人性的弱点，也意识到我们已犯的或可能会犯的错误不会比他人的要少或小。因此，考虑到他人也可以行使同样的自由并拥有同样的能力，我们就不会将自己置于任何人之上。正确行使其自由意志是一个人自己的事情，这是他尊重或鄙视自己的唯一依据。毫无根据地高估自己的价值确实是一个荒谬的错误，因为无根据地抬高自己本身就是愚蠢的，更何况将别人当做傻子，以为他们会无根据地高度评价自己。

6. 通过行为、言语、表情、笑声或轻佻的举动蔑视他人也是一个巨大的错误。这种罪恶更糟糕，因为它引燃了别人心中强烈的愤怒和报复欲望。事实上，很多人为了使侮辱行为遭到报复，宁愿将自己暴露在即刻的危险之下，更不用说破坏公共和平了。这是因为名誉受到了恶意地损害，而保持名誉的完整和纯洁对人来讲是非常珍贵的。

第八章　论人道性普遍义务 64

1. 为了共同的社会性而承担的第三个普遍义务是：每个人都应尽其所能以期有益于他人。因为自然已在人们之间建立了血缘关系。仅仅不伤害他人、不轻视他人是不够的。我们还必须给予（至少是分享）他人能增进相互间善意的东西。

我们造福社会，可能以明确的方式也可能以不明确的方式；可能要付出代价，也可能不要。

2. 如果一个人发展他的心灵和身体以使其成为有益于他人的行为的源泉，或者靠智力的敏锐进行新发现以改善人类生活，那么他就是以明确的方式造福社会。所以，不学习实用技艺，虚度生活，将大脑只看作使自己免于腐朽的盐类，[①]只将自己当做"土地产出的消费者"的人，[②]就违背了这一义务。以下这种人也违背了这一义务：满足于祖上遗传的财富，由于他人的劳作已可以保证其生活，就认为自己懒惰是正当的。"将赚取的所有财富囤积起来，而不留一些给自己亲属"[③]之人也是如此。此类人还有：像猪一样，除了死不能给人带来任何益处之人；以及同类型的其他作为世

---

① 比较 Cicero，*De natura deorum*，2.160。

② Horace，*Epistles*，Ⅰ.2.27.

③ Vergil，*Aenid*，6.61of.

界的累赘毫无用处之人。

3. 对奉献自己、为人类做贡献的人，其他人有义务不在他们光
荣努力的路上唱反调和设置障碍。进一步讲，即使没有其他的方
65 式回报贡献者，至少应高度评价他们的贡献，宣传他们的美名，以
此作为对努力的主要回报。

4. 虽然不会有任何损失，不用付出劳动，不会给自己带来任何麻烦，但却拒绝向他人免费提供我们可以提供的财物，这是极端可憎的恶意和非人道行为。这类事情通常被认为是有益而无害的，即：可以帮助接受者，却又不会给给予者带来负担。所以，我不应拒绝免费放水，应当允许别人在我的火堆上取火种，给予沉思的人以忠实的建议，给迷路的人指路。同样地，如果一个人不再想要某样东西（因为数量太多了或保存它很费事），那么何不将它完整地留给需要的人（如果他们不是敌人的话），以免坏掉？同理，吃饱了就毁掉食物，喝足了就堵死或隐藏泉水，或者自己用完之后就毁坏航标和路标，这些都是不正确的。富有的人给予穷人很少的礼物，要足够的理由才肯给路人恩惠，诸如此类的行为都是不正确的；如果穷人和路人是在困境之中则更是如此。

5. 如果需要花费金钱或劳力或者减少自己的财物以及对自己非常有用的东西，那么免费给予他人非常有用的帮助就是一种较高程度的人道。如果是基于慷慨的善意，那么这种服务就是一种典型的有益行为，并且最适合赢得荣誉。

这种益处的分量和作用取决于给予者和接受者的境况。应当注意的是：我们的慷慨不应在事实上有害于我们想要帮助的人和其他人；我们的慈善不应超出我们的能力；我们应考虑到每个人的

尊严，并将帮助首先给予值得帮助的人；我们应将帮助送到有需要的地方，并适当地考虑私人关系。还应注意考虑他人最需要什么，他人能从我们的帮助中得到什么，没有我们的帮助他人又会失去什么。如果我们以令人愉快的方式，及时而又善意地送出我们的帮助，那么他人所获得的益处将会额外地增多。

6. 作为回报，受益者应当感恩；他以此表示感激，并因此对给予者怀有善意，尽其可能寻找机会给予相同的或更大的回报。因 66
为我们不是必须要做出和获益等值的回报，所以一般来讲，知恩和图报就算履行了回报义务。这要以没有什么能阻却给予者声称自己是施惠者为前提。因为如果一个人先把我推下水然后又把我拉上来，那么我并不欠他什么。

7. 受益者越应当因所获利益对施惠者心存感激，他就越应当因此回报施惠者。至少我们不应让一个对我们的未来充满信心并给予我们帮助之人的处境因此而变得更糟。我们也不应接受一项利益，除非我们确信给予者不会后悔做出赠予。如果有特殊原因使我们特别不想受到回报义务的拘束，我们应委婉地拒绝赠予。当然，除非是为了报恩的需要，否则，轻率地处置财产、明知不会有回报还进行施惠是不理性的。在这种方式下，人们之间的所有善意和信任将会和慈善行为一起消失，将不会再有免费的帮助和赢得感激的激情。

8. 尽管缺乏感恩意识本身并不是犯罪，但不懂得感恩仍被视为卑鄙，比不正义还可憎还可恶。它被认为是完全低下的品质，意味着一个人配不上别人对他的尊严所做的评价；并且表明甚至可以感化畜类的慈善都无法打动他，使他理解人道情感。

然而，法庭并不理会纯粹的不感恩，或虽有机会但是忘记了恩情因而疏于回报。因为如果法庭采取行动——例如，为了追回一定数量的钱财——那么恩惠最大的特征就会消失，它立刻变成了借贷。并且，尽管报恩是一件非常值得尊敬的事，但如果这么做是强制性的，它就不会如此受尊敬了。而且所有的法庭加起来也不够执行这一项法律，因为根据情况权衡恩惠的高低是非常艰难的。
67 我施惠的原因（也就是为什么我没有要求我所作行为的回报）是他人可能会基于向善而非因为害怕惩罚或强制而报恩。并且就我本人来讲，我可能会认为付出不是为了回报，而仅把它当做一个人道行为，因为我并没有想要得到回报保证。一个不仅没有报恩反而对施惠者恩将仇报的人应因此受到惩罚；惩罚的严厉程度应根据他所显示出的忘恩程度而定。

第九章　论契约当事人的一般义务 68

1. 契约(agreements，*pacta*)构成了绝对义务和相对义务之间的桥梁。除了我们已经讨论的义务之外，所有的义务，不管是明示的还是默示的，都以契约为前提。因此在此处讨论契约的性质以及契约当事人的义务。

2. 很明显，人有必要和他人签订契约。因为尽管人类的普遍义务使我们得以生存，但仅靠这一点我们还无法合法地从他人那儿得到可以促进我们共同利益的各种好处。首先，并不是每个人都有那么好的慈善心肠：仅仅基于人道，就愿意将任何对他人有益的东西给予他人，而不期望得到平等的回报。其次，我们想要从他人那儿得到的利益，往往都是我们不能不顾羞耻向他人免费索取的利益。并且就我们的人格和地位来讲，因此而欠他人的恩情是不恰当的。所以，就像他人无力给予一样，我们也不愿意接受，除非他从我们这里得到了等价的东西作为回报。最后，实际的情况一直是：他人并不关心如何为我们的目的服务。

所以，人就有必要和他人签订契约，以使他们彼此间的义务(这是社会性带来的益处)可以经常性地按照固定的规则得到履

行。特定物品的相互给付——一个人不可能指望单靠人道性律令
69 就能得到——更是如此。因此，我们靠承诺和契约对以下事情事先做出规定：一个人应为他人做什么；他可以期待得到什么回报、主张什么权利。

3. 在契约领域，自然法所施加的一般义务（general duty）是：每个人必须信守承诺；完全履行承诺和契约。因为如果没有这一义务，我们会失去服务和货物交易所带来的绝大多数可期待利益。如果没有信守承诺的必要，人们就不会毫无顾忌地、满怀信心地去筹划帮助他人。此外，还可能会因背信弃义而引发冲突和战争。因为如果我已按照契约履行了义务，而他方却毁约，那么我的财产和劳务就损失了。即使我还没有履行，他打乱了我的计划、使我的目的落空，这也是应当受到谴责的。不然的话，如果不是遭到他的妨碍，我可能会另行安排我的事务。我信任他人，把他当做一个善良、可靠的人，可他却把我当做傻瓜，这也伤害了我的尊严。

4. 人们还必须认识到基于人类的一般义务所应为的行为和基于契约、有完全承诺（perfect promise）所应的行为，在以下几点上存在着差别。基于人道而提出请求是正确的，同意给予则是值得尊敬的。但是，如果被请求者自己不主动履行，我却不可以借自己的或权威者的武力强迫他履行。我只能谴责他的不人道、粗鲁、无理。但是，如果一项基于完全承诺或契约应当履行的义务没有自动得到履行，我可以诉诸强制。所以，在前一种情况下我们享有不完全权利（imperfect right，*jus imperfectum*），在后一种情形下享有完全权利（perfect right，*jus perfectum*）。同样地，在前一种情形下受到不完全的拘束，在后一种情形下受到完全的拘束。

5. 我们可以通过单方行为，也可以通过双方行为许诺。有时候一个人单方约束自己做某事；有时候两人或两人以上互相约束做某事。前一种行为被称为无偿允诺，后一种行为则被称为契约。

6. 承诺可以分为不完全承诺和完全承诺（imperfect and perfect）。如果我们承诺确实想受到约束，但却没有给他人要求履行的权利或不想受到强制力的压迫而履行承诺，那么我们的承诺就是不完全承诺。例如，我可能会这样表达我的承诺：“我郑重地决 70
定为你做这、做那，并且要求你相信我。”在这种情况下，我是受道德而非受法律的约束，我希望我履行义务的动机与我的可信性和尊严有关，而不希望它成为他人的权利。有权力或有影响的人给他人的推荐、调解、提升、支持承诺就是如此，他们表示允诺的语言不是客套话，而是非常诚恳。但这种人绝不是想让这些事成为针对他们的权利，而是想将它们归于他的人道和诚实。这样，对其履行义务的感激之情愈深，履行义务的强制力就愈弱。

7. 然而，如果我不仅事实上想受拘束，而且将要求我履行承诺的权利给予他人，那么，就存在一个完全承诺。

8. 如果我们的承诺和契约要求我们做先前我们并没有义务要做的事情，或者限制我们做先前我们有权利做的事情，那么在通常情况下，我们应当无条件地履行。因为任何承诺或契约的履行都意味着某种负担，我们不能进行抱怨，对此最合理的解释是我们自愿同意做我们本可避免的事情。

9. 同意通常用符号（signs）表示，比如语言、文字、点头等。但是有时依交易的性质及其他情形，也可以在没有这些符号的情形下直接进行推断。例如，特定情形下的沉默具有和表示同意的符号相同的效力。因此就存在默示契约，即是说，我们的同意没有用通常的人类交往所用的表示同意的符号表示出来，而是根据交易的性质和其他情况直接推断出来的。所以，直接从交易性质推出的默示契约含有的是原则性的同意。并且，通常认为，在契约中存在着一些默示的例外和必要条件。

10. 为了清楚地表达同意，一个人需要理性地认识有待进行的交易是否适合自己、自己是否有能力履行，在做出这些考虑之后，还要能用有效的符号表达自己的同意。

71 因此，未成年人和精神错乱者、疯子（间歇性清醒的时间除外）的承诺和同意是无效的。

这一点对醉酒的人也适用——如果麻醉状态使他们丧失理性并沉睡过去的话。如果一个人在暂时和未经深思的冲动的影响下要做某事（不管多么强烈），或者在被麻醉而精神错乱的情况下做出了在其他情况下将被视为是表示同意的举动，这些都不应被当做真实和有意的同意。试图获得此类承诺是可耻的，如果履行此类承诺对他人来讲是个巨大的负担则更是如此。如果某人利用他人醉酒的时机在旁等待，待可以接近时就巧妙地获得了此类承诺，那么，他将对他的欺诈行为负责。但是如果某人在酒醒之后承认他在醉酒时的行为，那么他将受到约束。这不是基于他醉酒时的行为而是基于他清醒时的行为。

11. 人们不可能靠自然法精确地确定理性的不成熟（这是订立合同的一个障碍）时期会在儿童中持续多久，因为人的理性成熟时间是有差别的。在每一个具体个案中，人们必须通过日常行为来判断。然而，大多数国家的市民法都就此确定了一个统一的年龄。

有些地方还存在一个有益的传统：在年轻人签订合同义务的时候必须借助更谨慎的人的权威，直到他们的冲动草率被认为冷静下来时为止。这个年龄段的人，即使他们已理解手中的事务，还是经常在冲动的影响下行事：缺乏远见、轻率许诺、理想化、热衷于获得慷慨的美名、喜欢靠结识朋友来炫耀自己、不知道胆怯等等。所以，就要经常戒备某些人的欺诈，他们靠年轻人的轻率营私，并企图靠年轻人的消费来致富，而这些年轻人由于判断力弱，不懂得去筹划和算计。

12. 错误也会妨碍同意生效。所以，应注意以下规则：

(1)如果我做出承诺是基于错误的假设——没有这一假设我 72
便不会做出承诺，那么很自然地承诺将不会发生效力。承诺者基于假设而承诺，如果假设不正确，承诺也就无效。

(2)如果我由于错误而订立了一个契约或合同，但却在缔约条件没发生改变、履行还没有做出之前发现了它，那么很明显给我机会允许我改变主意是公平的。如果在订立契约的时候我公开宣布过订约动机，并且另一方并未因我改变主意而受损或者我愿意赔偿他的损失，情况就更是如此。然而，如果条件有变，并且错误在契约履行(不管是部分履行还是全部履行)之后才被发现，行为错误的人将不能退出契约，除非另一方基于人道对此表示同意。

(3)如果错误涉及到契约的标的物，契约无效。这不是因为错误本身，而是因为构成契约的条件没有得到满足。因为在契约中，契约的标的物及其质量必须明确，缺乏这种认识就不可能有清楚的同意。所以，一旦错误被发现，可能遭受损失的一方有权退出合同，或者要求对方弥补缺陷，甚至有权要求赔偿因其故意或疏忽而造成的损失。

13. 但是，如果存在靠欺诈或欺骗引诱他人做出承诺或同意的情形，后果如下：

(1)如果第三方实施了欺诈，但并没有和与我订约的对方当事人串通，那么交易将得到维护。然而我可以向实施欺诈的人索取我在不被欺骗的情况下可以获得的利益。

(2)如果某人有意实施欺诈，并因此使我做出承诺或与他订约，那么我对他不负任何由此而生的义务。

(3)如果某个人自愿并怀着清晰、明确的意图签订了一项契
73 约，但是在实际交易中却发生了欺诈——比如，涉及到标的物或者标的物的质量和价值，在这种意义上契约将归于无效。所以，被欺诈方就可以选择完全退出契约或要求赔偿损失。

(4)对契约的性质不起决定作用和没有明确约定的情况并不能使一个其他方面的规定都合理的合同归于无效，尽管有可能一方当事人在签订合同时曾暗暗地打算过或他的这种想法一直持续到合同结束。

14. 在承诺和订约时，“害怕”有两种情形：(1)担心我们可能会被他方当事人欺骗，要么是因为这种恶行是他人性格中所固有的，要么是因为他人已明显地表现出了为恶倾向；(2)精神上的恐惧——如果我们不做出承诺或签订契约，将会受到严重的伤害。在前一种情形下，我们必须认识到如下几点：

(1)相信一个不值得信任的人的承诺和同意，这确实是轻率的行为，但是契约并不仅因这一原因而被认定为无效。

(2)如果契约已经签订，又没有新的故意欺骗的迹象出现，那

么以契约签订前就知道的缺陷为借口，要求退出契约是不会被允许的。因为，不能阻止某人签订契约的事由，也不应阻止某人履行契约。

(3)如果在契约签订之后，有明显的迹象表明，在我完全履行义务之后，另一方当事人将会欺骗我，那么就不能强迫我履行，直到我获得防止欺骗的合法担保为止。

15. 在后一种情况下，应遵守如下规则：

(1)因第三方引起的恐惧而签订的合同有效。因为很确定，在这种情形下不存在阻止他方依契约向我主张权利的缺陷。为了消除其造成的恐惧，实施威胁的第三方当然应承担赔偿责任。

(2)因害怕或尊重合法的权力或尊重与我们紧密相连的权威 74
而订立的合同有效。

(3)因受对方强迫而做出的承诺或订立的合同无效。他方当事人实施的不正当威胁使得他不能基于合同向我主张权利。因为在任何情况下，一个人都有义务去赔偿他所造成的损失，取消我的义务被认为是对他本应给予但却没有给予赔偿的损失的补偿(compensation)。

16. 同意必须是双向的，不仅在契约中是如此，在承诺中也是如此。所以，不只是承诺者，还有接受承诺者都应表示同意。如果后者不表示同意，或者他已表示拒绝接受承诺，承诺所涉及的事物仍属于承诺者。因为将自己的东西给予他人的人并不是想将自己的意志强加于人，也不是想让自己的东西成为无主物。所以，如果对方当事人不接受，对于所要给予的物，承诺者并不丧失任何权利。但是如果接受承诺者事先有要求，并且没有明确撤销该要求，那么该要求将一直有效；这将被视为在先的接受。这种情形发生在要约和请求相一致的情况下，如果二者不一致，那便应做出明确的接受。因为对不管什么事物都一概予以接受常常并不符合我的利益，除非这些事物正好是我想要的。

17. 关于承诺和契约的客体问题（subject-matter），这里的要求是：我们承诺或同意的事情不应超出我们的能力，并且法律不禁止我们这么做。否则，我们的承诺要么是愚蠢的，要么是不道德的。

所以，任何人都不可能就自己无法做到的事承受义务。如果某事在订约的时候看起来是可能的，但事后却因不可归责于订约方的条件改变而变得不可能，契约将归于无效（如果它还没有被履行的话）。如果另一方已经部分履行，履行标的物或其等价物应予
75 归还。如果归还已不可能，应尽一切努力确保该方当事人不受损失。因为在一个契约中，我们首先关心的是它明示的目的，如果目的落空，等价赔偿就足够了：我们至少应采取措施预防受损。

但是因欺诈或重大疏忽而使自己履行能力降低的人不仅应尽一切努力履行义务，还应接受惩罚，以作补偿。

18. 很明显，我们不能履行非法义务。因为如果超出自己的权限范围，一个人就不可能有效地约束自己。法律禁止做某事也就是剥夺了约定或接受此类履行义务的权利。被一个具有法律效力的义务所拘束应当做出某种行为，而与此同时，同样的法律又禁止他这么做，这实际上是矛盾的。所以，承诺做违法的事是错误的，履行它更是错上加错。

所以，一个人不应当遵守对接受承诺者有害的承诺，因为自然

法禁止侵害他人，哪怕侵害是由受害者本人错误的意愿引起的。

所以，如果一个内容不道德的合同已经签订，任何一方都没有义务履行它。如果一方当事人为签订合同已做出了不道德的行为，对方当事人没有义务支付他们已经约定的价款。如果为此目的已经做出了某种履行，也不能要求返还，除非存在欺诈或不当得利。

19. 最后，很明显，处分他人财产的承诺和契约是无效的，因为处分他人财产要取决于他人的而非我们的意向和决定。然而，如果我承诺尽力试探第三人是否做某事（也就是以我无权命令他为前提），我就有义务采取所有的道德所允许的方法去劝说他做某事。“道德允许”指的是接受承诺者可以正当地要求我做某事，而我在不违反道德的情况下也可以做某事。

如果我已就我的财产或行为为他人设立了权利，那么我就不能再就它们对第三人做出有效的承诺，除非他人已拥有的权利将要终止。因为已经由在先的承诺或契约将自己的权利移转给他人的人已无权再将这种权利给予第三人。此外，如果允许签订与在先契约相冲突并有碍其履行的新契约，那么所有的承诺和契约就都很容易变成无意义之物。古老的谚语即是因此而来：时间上在 76
先的，也就是法律上优先的（prior in time is prior in law）。

20. 除此之外，最重要的是要认识到：承诺可以用完全而确定的条款表达，也可以附条件；后一种情况是指承诺的效力取决于某些人为的或偶然的事件。

条件可以是积极的，也可以是消极的。积极的条件又被分为：偶然条件，它的发生或不发生非人力所及；人为条件，它的履行或不履行取决于接受承诺者；混合条件，它的履行部分取决于接受承诺者的意志，部分取决于偶然因素。

消极条件要么是物质条件，要么是道德条件。也就是说，要么是自然条件阻止我们履行，要么是法律和道德禁止我们履行。如果我们遵从自然单纯（natural simplicity）解释原则，消极条件将会使一个承诺无效。然而，对于附加在重大交易后面的承诺而言，为了防止某些人借不可履行的承诺欺骗人，可以认为消极条件并不适用，这并不违反法律。

21. 最后，我们不仅亲自而且还通过我们任命的、作为意思传递者和解释者的他人做出承诺或签订合同。如果他们依诚信完成了我们授权的事务，我们就对和我们的代表进行交易的人负有合法的义务。

22. 我们已经讨论了绝对义务和作为与他人交往之桥梁的相对义务。其他的义务要么以由一般契约（general agreement）所决定的人类制度为前提，要么以人的特定状态为前提。我们特别重视以下三种人类制度：语言使用、所有权、政府。我们必须阐释这些制度，以及它们所引起的义务。

第十章　论语言使用义务 77

1. 每个人都知道人类社会中语言这一工具是多么的有用和不可或缺。确实，仅基于这一能力就经常有人主张人依其本性是倾向于过社会生活的。语言使用的合理性和有用性是以自然法规定的下列义务为基础的：任何人都不应以用来表达其内心意思的语言或其他符号欺骗他人。

2. 对语言性质更深刻的理解要求认识到因使用语言交谈或书写而引起的双重义务。第一个义务是：任何既定语言[①]的使用者都必须依相应语言的惯用法，运用相同的词语表示相同的对象。因为不管是声音还是文字组合都可以指代任何事物（如果真的这么做，所有的语言和书写形式的意思都会变得集中），所以如果人们可以任意地称呼一个对象，那么语言的使用就会变得毫无意义。为了防止这种事情的发生，在同一语言的使用者中间达成默契，用特定的词语而不是其他的词语来指代各个对象是必要的。因为如果不是依据语言使用的一致性，通过语言理解他人内心的意思是不可能的。由于这一约定，每个人在通常的言谈中都有义务依词语在既定的语言中已被接受的意义使用它们。也正是因为这一约

① 'language'(in general)：*sermo*；a particular language：*lingua*.

定，即使在讲话时人们内心的意思各不相同，在人类生活事务中仍
应根据语言所表达的意思来推定讲话者的意思，尽管这样可能会
78 和他的内心意愿不相符合。因为我们只能通过符号来了解人的内
心，所以，如果允许真意保留——每个人都可以随意构思——削弱
社会生活交流符号的效力，语言的所有用法都会归于无效。

3.语言使用中的第二个义务是：在和别人讲话时，应当用他人可以清晰地理解的方式向他人表达自己的意思。因为人既可以讲话也可以沉默，并且他并不是必须在所有的场合、向所有的观众表达他内心的想法。所以，必须要有一个特定的义务规定什么时候应当讲话，并且应当以他人可以理解的方式讲话。这一义务要么来自于一个特别的约定，要么来自于自然法的普遍律令，要么来自于人们用语言交流的事务的自身性质。常常会存在这样一个明确的与他人的约定：他将就某些事情向我表达他的想法。例如，我把某人当做我寻求某种知识的指导者。自然法的某些律令也常常命令我和他人分享我的知识：要么是为了帮助他，要么是为了使他免受伤害，要么是避免为伤害他而制造口实或创造条件。并且有时候，如是我不表明我的观点，我和他人共同参与的某项事务就无法进行下去。合同订立就是如此。

4.但是，我没有义务总是基于以上所列的这一或那一理由与别人分享我的想法。所以，很明显，在和他人讲话时，我只有义务表露他有权利（完全的或不完全的）从我这儿得知的内容。因此，不管如何被追问，我都有权利通过沉默来隐藏他人无权从我这儿得知而我又没有义务透露的信息。

5.此外，因为语言既是为我们自己也是为别人创造的，所以，

如果对我有利并且不损及他人的权利，我可以用语言去表达在我头脑中并不存在的东西。

6. 最后，经常发生的是，如果我们坦率而直接地讲出真相往往会伤害听者，并且无法达到我们所追求的良好目的。所以，在这种 79
情况下，我们可以使用掩饰性和模糊性的语言，而不直接向听者表明我们的意图。因为如果我想帮助某人，并且有义务这么做，那么我当然不必按照会使我的目的落空的方式行为。

7. 由此我们可以看出，人们因为喜爱而强烈予以赞同的真理就是：我们的言语应当恰当地将我们内心的意思表达出来，以此传达给有权利知道并且我们有义务（完全的或不完全的）向其透露的人。这样做的目的是他可以因此获得某些本该属于他的利益或避免遭受不应有的损失。同时，非常明显的是，如果我们讲述，并且是有意地讲述某些与事实和我们的想法不完全符合的东西的话，我们并不总是在撒谎。因此，所谓的“逻辑真理”（logical truth）——言语和所要表达的事物相一致——并不总是和“道德真理”（moral truth）相一致。

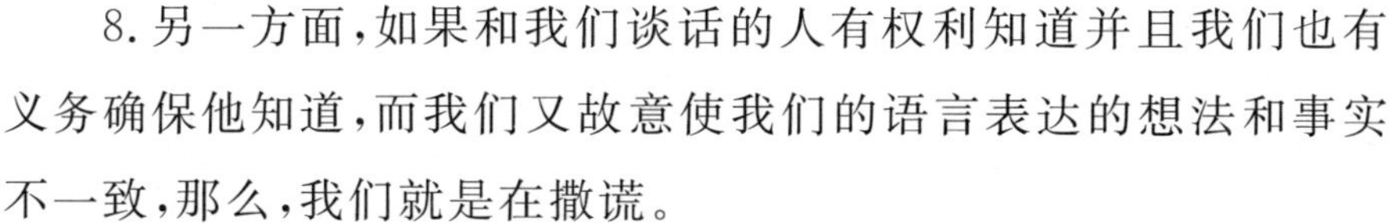

8. 另一方面，如果和我们谈话的人有权利知道并且我们也有义务确保他知道，而我们又故意使我们的语言表达的想法和事实不一致，那么，我们就是在撒谎。

9. 从以上的讨论中我们可以得出结论：对孩子和无成人理解力的人，在他们不能理解原原本本的真理的时候，使用虚假的标志和故事，以使他们更容易理解讲话人，这种撒谎行为肯定不会受到责备。利用掩饰性陈述追求直白性言语无法达到的良好目的也是如此。例如，为了保护无辜者、平息愤怒、抚慰哀恸、给畏缩者以信心、鼓励胆小者吃药、软化顽冥、破坏恶谋、寻求掩饰，捏造谣言掩盖不能为人所知的秘密和政策，并转移不应有的好奇心；或者以错误的信息欺骗我们也可以公开攻击的敌人。

10. 相反，任何有义务在任何情况下都应直接向他人表明自己内心想法的人都不能逃避责任：如果他只讲出了部分真相或者用模糊的语言欺骗他人，或者就暗含的限制做了和普通用法相异的真意保留。

第十一章　论起誓的义务 80

1. 起誓是为了给我们的言语和言语中所涉及的行为以鲜明的支持。它是一个宗教性申述，通过它，我们将我们的主张交托在上帝手中或者要求神在我们未讲真话时惩罚我们。通过诉诸全知全能的证人和复仇者(上帝)，誓言假定了事实的存在。因为很难相信会有人如此顽劣，竟敢将自己置于上帝最严厉的愤怒之下。这就是为什么立誓言的人有义务恭敬地对待誓言并应严格按誓言行事的原因。

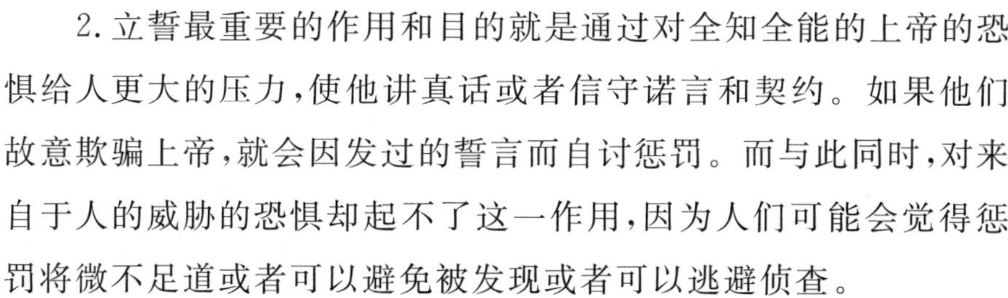

2. 立誓最重要的作用和目的就是通过对全知全能的上帝的恐惧给人更大的压力，使他讲真话或者信守诺言和契约。如果他们故意欺骗上帝，就会因发过的誓言而自讨惩罚。而与此同时，对来自于人的威胁的恐惧却起不了这一作用，因为人们可能会觉得惩罚将微不足道或者可以避免被发现或者可以逃避侦查。

3. 因为只有上帝是全知全能的，所以，对着不神圣的东西起誓，并将它当做证人和假誓的报复者，是愚蠢的。但常常会有这种情况发生：在起誓时，某个特定的对象被立誓者用来发誓，如果他违背誓言，上帝可以对它施加惩罚，因为它对立誓者来讲是珍贵无价的。

4. 在誓言中，祈祷过程中对作为证人和报复者的上帝的描述

必须和立誓者所具有的关于神的信念或宗教信仰相一致。因为如
81 果立誓者不相信因此也就不惧怕神，那么誓言中神的压力也就不存在。除非是以自己信仰中的律令所规定的方式和名义认为这些都是真实的，否则没有人会认为自己是在对神发誓。这就是为什么如果一个人对着他自己认为存在但实际上并不存在的神发誓，他也毫无疑问地受到拘束的原因。如果他虚假地对待誓言，就是在发假誓。因为通常认为在任何情况下立誓者都在神的视野之内，所以如果故意发假誓——只要已经做了，就是侵犯了上帝应有的尊严。

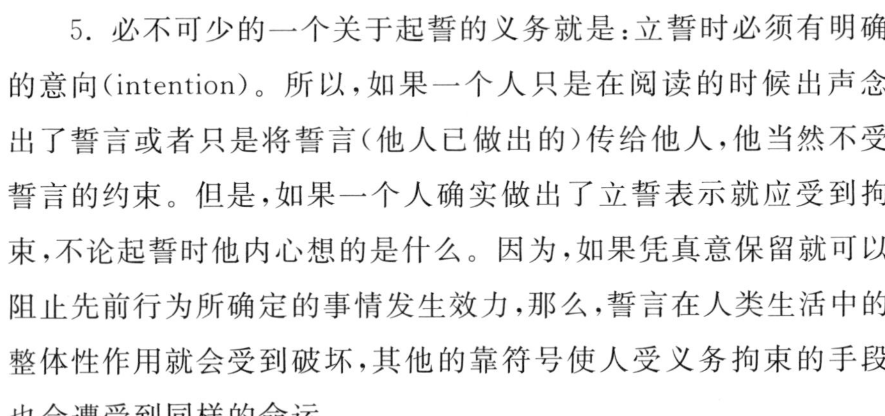

5. 必不可少的一个关于起誓的义务就是：立誓时必须有明确的意向(intention)。所以，如果一个人只是在阅读的时候出声念出了誓言或者只是将誓言(他人已做出的)传给他人，他当然不受誓言的约束。但是，如果一个人确实做出了立誓表示就应受到拘束，不论起誓时他内心想的是什么。因为，如果凭真意保留就可以阻止先前行为所确定的事情发生效力，那么，誓言在人类生活中的整体性作用就会受到破坏，其他的靠符号使人受义务拘束的手段也会遭受到同样的命运。

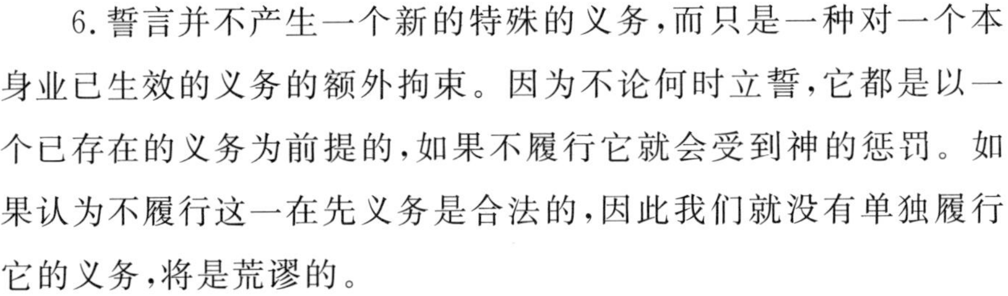

6. 誓言并不产生一个新的特殊的义务，而只是一种对一个本身业已生效的义务的额外拘束。因为不论何时立誓，它都是以一个已存在的义务为前提的，如果不履行它就会受到神的惩罚。如果认为不履行这一在先义务是合法的，因此我们就没有单独履行它的义务，将是荒谬的。

所以，恶行(人不用对其负义务)不会因誓言而变得有拘束力。同样，先前义务的效力也不因后来的誓言而废除，另一方当事人自

先前义务而得的权利也不因誓言而丧失。因此，不偿还债务的誓言是无意义的。

立誓人因为某些根本不存在的事实立了誓，而如果他不误解的话根本不会如此做，那么就不会因立誓产生任何义务。如果他是因受到接受誓言一方的欺骗才产生错误认识的，就更是如此。用不正当手段威胁他人立誓的人也不因誓言获得任何可以合法地要求从他人那里得到某物的权利。此外，从事非法活动的誓言不 82
具有任何效力。逃避神法或人法规定的良好行为的誓言也是如此。

最后，誓言不改变它所伴随的任何承诺或约定的性质和内容。所以，做不可能之事的誓言是无意义的。附条件承诺不会因誓言而变成绝对的、纯粹的承诺。和其他承诺一样，接受是立誓承诺的必要条件。

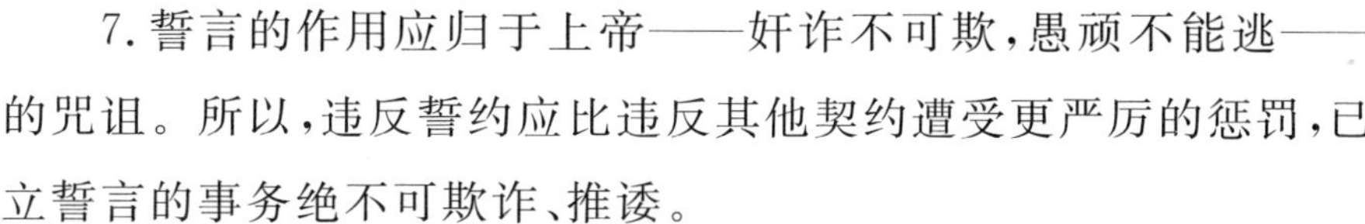

7. 誓言的作用应归于上帝——奸诈不可欺，愚顽不能逃——的咒诅。所以，违反誓约应比违反其他契约遭受更严厉的惩罚，已立誓言的事务绝不可欺诈、推诿。

8. 不应只从广义上解释誓言，如果所涉事务需要，还应对其进行严格的解释。比如，如果誓言含有对他方的偏见，更像是威胁而不是承诺。誓言也不排除从事物本性得来的不言自明的条件和限制。比如，如果我通过誓言给予对方向我要求任何他想要的事物的选择权，而他却提出了侵害性的或荒唐的要求，那么我可以不负义务。因为如果某人在不知道对方将会提出何种请求的情况下向其做不特定的承诺，那么他就是假定对方会提出善意的、道德的，而非伤害自己或他人的荒唐的、侵害性的要求。

9.还应注意:在立誓中,对于宣布的誓言,通常认为应按照接受誓言之人的理解来解释誓言。因为誓言主要是为了他的利益而非立誓人的利益而做出的。所以,立誓的语言也应当由他组织。他应当组织得尽量清晰:表述到位、易于立誓人理解。立誓人应快速庄重地宣读誓言,这样他就没有机会挑剔和逃避。

10.对誓言的最好分类是依据他们在社会生活中发挥的作用
83 所做出的。有些誓言附随着承诺和合同以保证它们更好地得到遵守。有些誓言被用来加重对不确定事实进行的陈述的分量,因为在该种情况下没有更好的发现真相的方法。这种誓言要求有证人或知道他人行为的人。有时当事人用立誓的方法解决争端,这通常由法官或一方当事人提出。

第十二章　论所有权 84
获取时的义务

1. 人体的生理构造决定了人需要从外界摄入食物，需要保护自己免遭侵害，还有很多外在物可以使人的生活变得舒适。所以，我们可以正确地推论说，宇宙的最高统治者完全同意人为了自己的利益利用其他被造物，事实上，在某些情况下人也可以杀死它们。这不仅包括蔬菜等没有感觉的东西，还包括无害的动物，人类可以杀死、吃掉它们，即使它们会很痛苦地死去。

2. 但是，最开始时，上帝所造的所有这些事物都是平等地属于所有人的。所以，任何人都不比他人对它们享有更多的权利。但是，考虑到人的生理结构，人们应当就如何利用它们达成协议，以保持和平与安宁，维持必需的良好秩序。因此，当人类的数量还很少的时候，个人为了自己利用而占有的任何东西都应当属于他，其他人不得抢夺。但是这些东西所从出的那些资源都应当留归公有，不应当被任何人据为己有。后来人丁滋生，耕种开始兴起，以向人们提供吃穿。为了避免纷争，形成良好秩序，甚至可以被用来生产的东西也分给了众人，每个人都有自己的一份。因此这样一个惯例（convention，*conventio*）就被确定下来：在第一次分配中留 85
归公有的那些东西，可以成为先占者的财产。所以，按照上帝的意

志、先占者的同意(consent,*consensus*)和至少是默示的契约,对物权(property in things,*proprietas rerum*)或所有权(ownership,*dominium*)就产生了。

3.所有权就是这样一种权利:通过它,某物被归属于特定的个人,此物作为一个整体就不再以同样的方式属于其他人。所以,对于属于我们的东西,我们可以随意处置,并可以禁止他人利用,除非他们依据契约获得了特定的权利。但是,实际情形是,并不是每个人的所有权都是永远不受限制的,它总会受到政治权力或安排和与个人相互签订的契约的限制。

然而,当一个物以同样的方式未分割地属于几个人时,我们将之称为共有。

4.事物不是在某一个时间被一次性划定归属,而是渐进地、根据人类需要进行的。同理,清晰地划定每一个事物的归属是不必要的。只要不损害人类和平,有些事物可以,有些则应当,保持原有的公有状态。如果某些事物是用之不竭的,可以不加歧视地供所有人自由利用,那么不管其对人类多么有用,试图划分它们都是多余的和愚蠢的。例如,太阳的光和热、空气、流水等等。横亘在各大陆之间的辽阔的海洋,就其远离海岸的那部分而言,也在此列。这不仅是因为它完全可以满足所有人各式各样的需求,还因为从事实上讲,任何一个民族都无法保卫它。因为如果某物构造便是如此,以至于不可能阻止其他人利用它,那么,划分它或者将其作为财产就是多余的,而且也容易引起无谓的争讼。

5.所有权的取得方式有原始取得和继受取得。原始取得适用于对财产的先占;继受取得则是指已经存在的所有权从一个人手

中转移到另一个人手中。原始取得要么是完全的原始取得(通过 86
它某人取得对某物本身的所有权),要么是某种程度上的原始取得(通过它某人获得对孳息的所有权)。

6. 对物的私人所有权被人们接受之后,人们达成了一个协议(convention,*conventio*):初次分配没有明定归属的物应归占有者——也就是第一个通过物质手段、以自有之意占有此物的人——所有。因此,当今唯一的原始取得对物所有权的方式就是先占。

通过这种方式我们可以取得无人占有的荒地。这些荒地就成了最先以为己占有之意进入、在其上耕种并设置界限宣称归其所有之人的财产。但是如果很多人一起占有了一片辽阔的土地,通常的做法是将其中的某些部分分给团体的个体成员,并将其余部分留归团体。

通过先占也可以取得对野兽、飞鸟、水底之鱼的所有权;还包括被波涛卷上海岸之物。但是,这种取得的前提是政治当局对此未予禁止,或者是还没有将这些物分配给特定的人。要想使这些物归己所有,我们就必须通过物质手段占有它们,并将它们置于自己控制之下。

通过先占我们也可以取得原先存在于其上的所有权已经明显消灭的物。例如:以不再拥有之意被人抛弃之物;先是遭遗失,随后被抛弃之物。无主财宝——没有主人的财富——就属于后者;如果市民法未作其他规定,它们应被归属于发现者。

7. 一直保持原样不变的所有物是很少的;它们中的绝大多数都会通过各种不同的方式扩大。有些是体积增大;有些则结出果实；有些则通过人工而获得增值。所有这些都可以被称为“孳息”(accession)，并可以把它们分成两类。有些物是自然出产的，不掺杂人工；有些则是通过人工劳作——部分或者全部——获得的。孳息获取规则是这样的：孳息和一切收益都属于物的所有者；在自己材料的基础上制作新产品的人也是这一产品的所有者。

8. 然而，经常发生的是，其他人由于契约或者其他原因获得了
87 从我们的物上获取某种利益或者阻止我们无限制地利用自己所有物的权利。这些权利通常被称为役权(servitudes)。役权有两种：人役权，所有者的财产所产生的收益直接归属于受益人；地役权，权利人可以以自己的方式享有他人财产所生的收益。

人役权包括：用益权、使用权、居住权、奴隶服务。地役权包括：市内地役权和田野地役权。市内地役权有支撑权、采光权、光源权、瞭望权、阴沟排污权等。田野役权包括通行权、驾驶通过权、筑路权、开沟通水权、取水权、通行饮畜权、放牧通行权等。设立这些权利是为了处理相邻关系。

9. 在所有权的继受取得当中，有些是根据法律规定所为的移转，有些是基于先前所有者的行为。结果是某人的财产要么全都转移了，要么只转移了一部分。

10. 在无遗嘱继承情况下，先前所有者死后，其全部财产依照法律规定转移给他人。使某人在生前靠劳动获得的财产在其死后即成为任何人都可以抢占的无主物，这既和人类的一般感情不符，也丝毫不利于人类和平。所以，在理性的指引下，以下惯例得到了普遍认可：如果某人在生前未自己订立处理财物的遗嘱，按照人之常情，他的遗产应传给予他最亲近的人。这些人通常是我们的后

代，其次是和我们有血缘关系的人，这些都是依亲近程度所定的。尽管有很多人，或出于所受的利益或出于特殊的感情，爱某些陌生人胜过爱自己的亲属。但是和平的利益要求我们忽略个别人的感情，依从人类一般的倾向，采用最简单、不会引起复杂纠纷的继承方法。如果（死者的）恩人和朋友可以与凭着血缘关系提出继承请
求的人相竞争，那么争端就会爆发。如果某人有任何想要使恩人 88
和朋友受益的愿望，他应当写一个明确的遗嘱言明此事。

11. 和一个人最亲近的是他的子女。自然鼓励父母精心喂养自己的子女。父母应当首先最大限度地满足自己的需要，然后将剩余的东西留给自己的子女。这里的“子女”主要是指婚生子女。从理性、文明生活习俗和文明民族的法律来讲，婚生子女要比私生子女优越。但是如果一个父亲基于充足的理由已经拒绝承认某人为他的儿子或者由于儿子的某种可耻行为而剥夺了其继承权，那么就可以不再遵循这些原则。这里的“子女”还包括孙辈成员。如果孙辈的父母去世了，祖父母有义务照顾他们。同理，孙子女和他们的叔叔们共同分享其祖父的遗产是很正当的。否则的话，遭排斥不能继承祖父遗产这一事实会给幼年丧父的孩子们添加更大的不幸。

如果死者没有后代，应当将其财产移交给其父母。如果死者既没有子女也没有父母，其财产将由其兄弟继承。如果兄弟也没有，将根据和死者血缘关系的亲疏来决定继承人。但是，我们发现，为避免经常会出现的法律纠纷，为了公共利益，大多数国家都明确规定了继承的顺位。对公民来讲，最保险的就是遵循这一顺位，除非特别重要的原因迫使他们做出特殊的处理决定。

12. 通过原所有人所立的遗嘱，遗产会在原所有人死后整体移转给他人。作为对死亡的些许安慰，大多数民族都承认一个人可以在有生之年规定其财产在他死后将移转给他最爱的人。在很早的时候，以下做法可能是经常性的实践：如果死亡来临，便公开指定继承人，并将财产实际交付在他们手中。后来，出于理性的原
89 因，很多民族开始采用一种不同的遗嘱方式。它授权个人，在他愿意的任何时候，既可以公开表明他最后的意愿，也可以悄悄地写下来并密封保存。只要他愿意，他也可以更改遗嘱。继承人，不管是公开指定的还是通过书面遗嘱指定的，在被继承人死前不享有遗嘱中规定的任何权利。这种最后遗嘱虽然很受欢迎，但是为了亲属和国家的利益，它们必须受到规制。国家通常会为遗嘱规定标准的形式。如果个人违背这些安排，他便不能埋怨自己的意愿没有得到尊重。

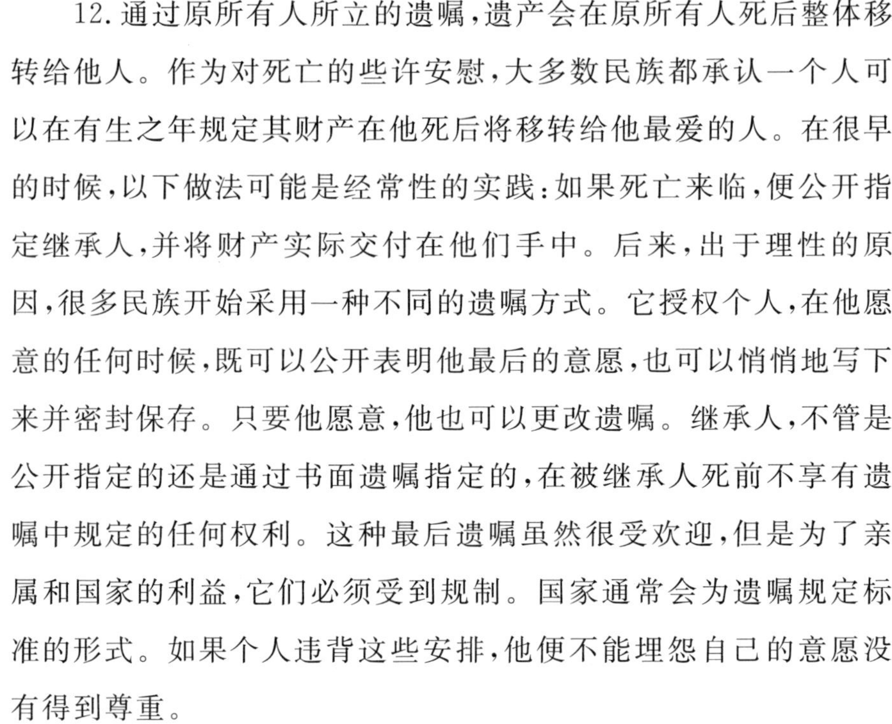

13. 在活着的人中间，财产要么通过先前所有者的免费赠予，要么通过合同手段移转。前一种形式的移转叫赠予。合同形式我们后面还会讲到。

14. 有时候，财产甚至会违背先前所有者的意志而移转。在国家中，这种移转最常采用的形式就是刑罚：如果一个人犯了罪就会剥夺他的全部或者部分财产，将它们转归国家或者被害人。在战争中也是这样，财产被拥有超强武力的敌人强行夺走，成为占有者的财产。但是在签订和约宣布放弃所有请求之前，先前所有者并不丧失靠相同的暴力手段夺回它们的权利。

15. 时效取得（prescription，*usucapio*）是一种特殊的所有权取

得方式:如果一个人善意地以正当方式取得了对某物的占有,并不间断地维持了长期的和平占有,那么达到一定年限他就可以被视为该物的绝对所有者。如果先前的所有者后来重新主张权利,他有权利对抗。引进此权利的一个理由是,如果一个人长期疏于对某物行使权利就可以认为他放弃了权利,因为在如此长的时期内他完全有机会行使权利。另一个理由是,不用诉诸争讼就可以最终解决占有符合和平与安宁的要求。此外还因为,对基于善意之长期占有的剥夺所造成的伤害要比失去很早之前就不再占有之物所造成的损害严重得多。如果由国家根据理性和国家利益的要求规定时效完成的确定期限,和平与安宁就很容易实现。

90

第十三章　论所有权自身所负的义务

1. 在所有权引入之后，以下义务就在人们中间产生了：

(1)任何人都应当允许他人(敌人除外)和平地利用自己的财产——只要他人不以暴力或诡计损害、偷带、侵占它们。依照此义务，偷盗、抢劫和其他财产犯罪都应当被禁止。

2. (2)如果我们善意、没有过错地占有了他人的财物，并且一直控制着它，那么我们应当将其交由合法的所有者控制。然而，我们没有义务承担归还的费用，如果我们为了保管它而遭受了损失，我们有权利或要求补偿，或者扣押该财物直到获得补偿。并且直到被告知该物属于他人我们才实际上有义务归还。在那之后，我们应当让他人知道物在我们手中，并且不得阻碍所有者取回他自己的物。但是，如果我们是基于正当理由获得该物的，我们就没有义务解释自己权利的合法性，也不用通过公告的形式询问是否有人要对其主张权利。这一返还义务比特定的合同重要，并且可以因此提出反诉。举例来讲，如果一个贼将偷来的东西存放在我这
91 儿，而随后真正的所有人出现了，我必须将东西还给所有人而不是贼。

3. (3)如果我们在取得他人之物、消费他人之物时都是善意的，那么我们就只要给所有者等值的补偿，以使我们不致因他人不

应有的损失而获益。

4. 从上述义务中可以推出以下义务：*

[1]如果占有物已毁坏，善意占有人不负返还义务，因为他已不占有该物也没有因其获益。

5. [2]善意占有人不仅应返还原物还应返还其所生的尚存在的孳息。因为根据自然状态，物的所有者也是孳息的所有者。但是占有者可以扣减因保管该物或存留孳息所遭受的损失。

6. [3]善意占有人有义务返还原物和孳息——如果他是因自己的用度而消费并有能力补偿的话。因为消费别人的、节省自己的就是获益。

7. [4]善意占有人没有义务补偿他因疏忽而未收的孳息。因为他既没占有该物也没有占有它的替代物。

8. [5]如果善意占有人获得了他人的财产，然后将其转给了第三人，那么他不负返还义务，除非他是因抵消而转让。因为不使自己的财产减少也是获益。

9. [6]如果善意占有人是付出实在的对价获得了他人的财产，然后又将其转让，那么他也不负返还义务，除非他因此而获利。

10. [7]占有财产的善意占有人应当返还他人的财产，尽管他
是付出实在的对价才获得的。并且，他不能向所有者主张所付出 92
的代价，他只能向出让方追索。但如果他所花的费用是所有人找回财产所必需的，或者所有人自愿因其提供的信息而给付回报，则

* 本部分第4—10小节是参考宪法网文本译出的，可参见 http://www.constitution.org/puf/puf-dut_113.htm。——译者注

另当别论。

11. 拾得所有者不幸遗失的东西的人不能以隐匿、躲避所有人寻找的意图占据该物。但是在失主出现之前,拾得人有权自己占有。

第十四章　论价值[①] 93

1. 在所有权引入之后，因事物的性质不尽相同，能给人带来的满足也不尽相同，并且一个人不可能拥有所有的能够满足自己需要的东西。所以常常需要把不同性质、不同用途的物品在人们之间进行交换。为了防止任何一方因此类交换遭受损失，就有必要用人们之间的约定确定事物的量，以此作为它们相互比较、相互衡量的依据。对于行为同样也是如此，没有人愿意白白地为他人利益服务。这个“量”常常被称为“价值”(value，*pretium*)。

2. 价值分为普通价值(common value)和特殊价值(eminent value)。前一种价值可以在货物、行为或服务中发现，这些东西被用来交易是因为它们可以满足人的需要和给人带来快乐。后一种价值可以在货币中发现，因为人们认为它实际上包含所有货物和服务的价值，并可以提供衡量它们的共同标准。

3. 普通价值的基础是该物或服务的自然属性，借助它该物可以直接或间接地有助于人生活的某些需要，并使生活更舒适。所以，我们通常认为毫无用处的东西就是无价值的。

---

① [*De Pretio*]:“pretium”此处通常翻译为“价值”(value)，但有时也可根据语境译为“价格”(price)。

但是，有些东西对人是非常有用的，却没有被赋予明确的价值。这要么是因为在其上不可、也不必设立所有权；要么是因为它
94 们不适合于交易，因此被排除在交易之外；或者是因为在交易中它们总是被当做附属物来对待。此外，法律——人法或神法——不准进行某些交易或者禁止靠某些行为谋利，这实际上也剥夺了它们的价值。例证如下：(1)不能对上空大气层、空气、天体和深海标价，因为它们不是人类所有权的对象；(2)不能对一个自由人标价，因为自由人不是商业交易的对象；(3)太阳普照之光、洁净的空气、愉悦人眼目的乡村秀丽景色、风、颜色等诸如此类的东西，它们自身并没有价值，因为人不可能离开土地而享受它们。然而，这些东西对增加或减少地域、土地、不动产的价值却至关重要；(4)所以，给圣职行为——神事制度已赋予了它们道德后果——标价是违法的，这是买卖圣职罪。法官出卖正义也是不道德的。

4. 使某一事物的价值增加或减少的原因有很多。一事物也可能比另一事物更受欢迎，尽管后一事物可能对人类生活具有相同甚至是更大的价值。因为在这些问题上，事物的必需性或者它的极端重要性远不是最重要的。相反，我们看到人并不重视生活须臾不可离开的事物。这是因为自然——在神的旨意下——使它们有充足的供应。

导致价值增值的最主要因素是稀缺性，在事物是由远方运来时更是如此。所以，人的拼比奢侈使得很多人类离开它们也可很好地生活的事物具有了超常的价值，比如珍珠和珠宝。在稀缺性和必需性结合起来的时候，日常用品的价格也会反常升高。对于人造物，除开稀缺性，对其价值影响最大的是它们的做工的精细性

和典雅性，有时候还包括制作者的名声、工作的难度、技工和工人的稀缺性等等。

至于服务和行为，价值增加主要靠以下因素：工作难度、所需技艺、效用、必需性，供方的稀缺性、社会身份和自由地位，最后是该工作的名声——被认为是光彩还是不光彩。与此相反的因素往往会降低它们的价值。

最后，某一特定事物的价值有时候会因为一种特殊的感情被
看得很高——不是被所有的人，而是被个人。比如，该事物是对我 95
们来讲非常重要的人送给我们的，其中寄托了他的情义；或者我们已经习惯它了；或者它是某些重大事件的纪念物；或者它曾帮助我们避免过某些大灾难；或者它是我们亲手制作的。这就是情感价值。

5. 在确定特定事物的价值的时候，通常还应当考虑其他因素。

对于生活在自然自由状态中的人们来讲，事物的价值只能靠交易当事人的协议确定。因为他们有权抛弃或获取他们需要的任何事物，没有共同的上司规范他们的交易。

但是在国家中，价格是通过下列两种方式来决定的：(1)通过权威者的命令或者通过法律；(2)通过人们的共同评价和判断，或者是市场习惯和交易当事人的同意。人们通常称前者为法定价格，后者为通常价格(common price)。

当法定价格已经为买方利益而确定(这是很常见的)时，卖方就不能多要。然而，如果卖方想少要，则不予禁止。所以，当酬金标准已经由当局为雇主利益而确定时，被雇用者不可以多要求，但是如果少要则不予禁止。

6.但是，允许通常价格——它不是由法律确定的——存在波动。在这个范围之内，买卖价格的高低可以(通常也是)按照交易双方约定的价格进行。然而，这要公平、明了地遵循市场惯例。因为在市场上，通常要考虑商人运输和流转货物所付出的劳力和费用；还要考虑货物买卖的方式，是批发还是零售。有时候，通常价格也会随着购买者、货币或货物的充足或稀缺而突然改变。因为特定情况下出现的购买者和货币稀缺，再加上供应充足，会抑制价格。与之相反，潜在购买者和货币的充足，再加上供应短缺，会提升价格。如果是商品寻找买主，价格就会下降。相反，如果本应无生意的人都有顾客上门，价格就会上升。最后，是当场支付现金还是日后支付也会影响价格，因为时间也是价格的一部分。

96 7.但是，在人脱离原始状态之后，盈利方式开始多了起来。很明显，仅靠通常价值已不足以应付人类交易事务和满足商业增长的需要。因为那种情况下，交易只能采取物物交易的形式，只能靠提供服务回报或交付特定财产来获得他人的服务。但是当人开始希望通过多样化的东西来方便和娱乐的时候，任何人要想恰巧拥有他想与之交换的人恰恰需要的东西很明显是不容易的，也不可能总使二人之物价值相等。在文明国家，公民分成了不同的阶层，如果仍普遍采取旧时代简单的物物交易形式，必然要有几个阶层几乎不能维持生存(如果其中有人能生存下来的话)。因此，大多数想要过上富足生活的民族开始通过协议赋予特定的物以特殊价值，以通过它衡量其他事物的通常价值，从而通常价值也具有特殊价值。所以，通过这一媒介一个人可以获得在售的任何东西，并可以便利地进行任何交易。

8. 为了达到这一目的，大多数民族都决定使用贵重、稀有的金属。它们的质地非常坚硬，因此不会在使用中轻易毁损，并且可以被切割成很多小块。它们既便于储存也便于携带，它们的稀有性使得它们和其他很多事物具有相同的价值。但是，在有些时候，由于缺少金属，有些国家会基于实用性的考虑用其他东西代替货币。

9. 在国家中，主权者有权利确定货币的价值。所以，官方标记往往会印在货币上面。在确定货币价值的时候，我们必须要考虑邻国的或者贸易伙伴的通常标准。否则，如果一个国家赋予其货币极其偏高的价值或者采用不合适的方法合成货币，就会阻碍它与邻国的非物物贸易。正是因为这一原因，不能轻率地改变货币的价值，除非国家面临的严峻危机要求这样做。但是，随着金银的增加，与土地或其他任何依附于土地的事物的价格相比，货币的价值会自动地逐渐降低。

97 # 第十五章　论合同与合同义务

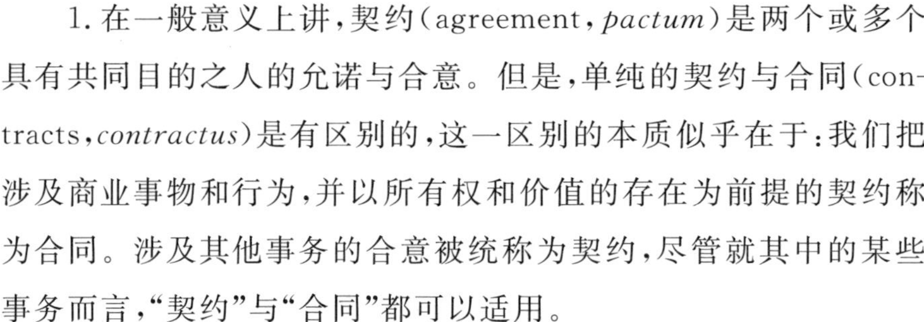

1. 在一般意义上讲，契约（agreement，*pactum*）是两个或多个具有共同目的之人的允诺与合意。但是，单纯的契约与合同（contracts，*contractus*）是有区别的，这一区别的本质似乎在于：我们把涉及商业事物和行为，并以所有权和价值的存在为前提的契约称为合同。涉及其他事务的合意被统称为契约，尽管就其中的某些事务而言，“契约”与“合同”都可以适用。

2. 合同可分为无偿合同和有偿合同。无偿合同只给合同一方当事人以利益，比如，委任、使用借贷、无偿保管货物寄托。有偿合同给双方当事人施加相同的“负担”；这类合同的特点是，要想获得对待给付就得付出相应的代价或做出相应的履行。

3. 所有的有偿合同都应当具有平等性，即合同双方当事人都能获得相等的利益。如果不平等的情况发生，获益少的一方有权要求补偿其损失或者主张合同完全无效。这特别发生在国家中，因为在那里价格由市场习惯或者法律决定。要发现或确定这一平等性，最根本的是要让合同双方当事人了解合同的标的和该标的的所有相关特性。所以，在通过合同将某物转给他人的过程中，转让人既要指出该物的优点，也要指出该物的缺陷和瑕疵。如果离
98 开了这些信息就不可能确定公平的价格。然而，转让人不必告知

对该物没有影响的那些情况，双方都已知道的瑕疵也没有必要言明。如果明知瑕疵还要购买，就应当自己负责。

4. 平等性在有偿合同中的适用如下：如果事后发现了合同的不平等性，即使合同当事人没有隐瞒、没有过错（比如，瑕疵是潜在的或者价格有误），也应当予以纠正。获益的一方必须将财物返还给遭受损失者。然而，为避免立法泛滥，市民法应只对重大损失提供救济，至于其他情况，法律只需告诉人们妥善照顾自己的利益即可。

5. 无偿合同主要有以下三种：委任、使用借贷、无偿保管货物寄托。

委任（mandate，*mandatum*）是指某人基于他人的请求和委托，无偿为他人管理事务。委任主要有两种方式：一是被委托人应按照委托人的指示处理委托事务；二是被委托人按照自己的判断和技艺处理委托事务。

在委任合同中，被委托人必须尽最大的诚意和努力，因为一个人只可能将事务委托给自己非常信任的朋友。同样地，被委托人为办理委托事项而支付的费用、遭受的损失以及其他因履行职责而导致的损失有权获得补偿。

6. 使用借贷（loan for use，*commodatum*）是指允许他人使用自己的东西。

借用人必须尽最大努力妥善保管借贷物，不得为其他目的利用借贷物，也不得超过出借人允许的限度使用该物。除了正常使用所导致的损耗之外，应当完好无损地归还所借之物。

如果出借有固定期限，并且在这期间所有者又有急需（出借时不可预知的原因所致),应他的要求,借用人必须立即将借贷物归还于他,不应有任何托词。

如果出借物已因不可预知、不可归责于借用人的事件或事故灭失了,责任归责办法如下:如果即使是由所有者保有,该物也仍
99 然会灭失,那么借用人就无需赔偿损失;如果情况与此相反,那么让借用人赔偿是公平的,因为如果不将该物借给他,所有人便不会损失该物了。同样地,所有人必须补偿借用人在借贷物上所花费的必要的或有用的支出,但该物正常利用所必需的费用除外。

7. 无偿保管货物寄托(deposit,*depositum*)是指将我们自己的事物或与我们有牵连之物委托给他人,让他人无偿看护。

相关要求如下:保管人必须勤勉地看护托管之物,并按托管人的意思随时归还该物。如果归还会给托管人或其他人造成损害,就可以延迟归还。如果事物会因使用而受损,或者是所有者的利益要求不能将该事物公之于众,那么在未经所有者同意的情况下,保管人不得使用被托管之物。如果托管人违反了这一义务,他应当对这一利用所带来的一切风险负责。保管人也不可以将托管物从托管人自己已封好的包装纸或器皿中取出。拒绝返还托管物比偷盗还要可耻。拒绝返还托管的救济金或别人在危难之际——比如遭受火灾、房屋倒塌、遭受瘟疫——托管的物则更为可耻。就托管人来讲,他必须补偿保管人为保管托管物而支付的费用。

8. 最古老的有偿合同可能就是物物交换。在货币发明之前,它是唯一的贸易手段。在物物交换当中,当事人用自己的物换回与其等价的物。即使在货币发明之后的今天,有一种物物交换在商人中间仍旧非常流行:不是物与物直接相互衡量,而是首先用货

币衡量，然后不是用货币买卖，而是直接将物与物互相交换。

互赠是与物物交换不同的一种交易形式，它并不需要遵循平等性。

9. 买卖（sale，*emptio venditio*）是指用钱获取对物的所有权或者其他类似的权利。

最简单的买卖形式就是先确定价格，然后买方立即支付价款、卖方交付货物。然而，常有的情况是先立即交付货物，过一段时间再支付价款。有时候关于价格的约定是附条件的，它要求必须在确定的日期交付货物。在这种情况下，在交货日期到来之前，让卖 100
方承担货物风险是公平的。但是，在交货日期到来之后，如果买方迟延受领或阻碍交付，那么货物灭失的风险就应当由买方承担。

买卖合同可以添加各种附加协议。比如临时买卖（provisional sale），它规定卖方在一定时间内有权接受他人可能提出的更好的要约。失权条款（forfeiture clause，*lex commissoria*），它规定如果到确定期限价款还没有给付，则买卖撤销。撤销条款或取回协议，它可以采取以下三种形式：如果出卖人提出返还价款（存在或不存在时间限制），买受人有义务归还合同标的物；如果买受人提出归还合同标的物，出卖人有义务返还价款；如果买受人转卖合同标的物，应当允许先前的出卖人先于其他人购买，这种权利也可以被称为“优先权”。在附加协议中，出卖人还常常为自己保留已售不动产的一小部分或它的某些特定使用权。

还有另外一种买卖形式叫概括出卖，在这种情况下，不同价值的很多事物不是单独而是一起被估价出卖。在“拍卖”这种买卖形式中，标的物最后归属于出价最高的竞标人。最后，还有一种买卖形式，买受人购买的不是一个确定的标的物，而仅是一个可能的预期；这中间含有投机性因素，因此，不管是买方希望落空还是卖方净赔无赚，双方都不要埋怨。

10. 租用(hire，*locatio conductio*)* 是指有偿使用他人的服务或财物。

在这种合同中，一般来讲要首先议定价款。然而，如果某人在价款没有议定之前就已经向他人提供了服务或者是财物使用权，就假定他希望依据一般习惯或租用人的良心获得价款。

在这种合同中，有以下几点需要注意。如果出租物完全灭失了，租用人自那时起就不用支付价款或租金了。如果出租物(作为有确定用途的物)遭到了毁损，租用人可以从租金中扣除他因此遭
101 受的损失，因为所有者有义务确保出租物适合该用途。但是，如果出租物的产出并不确定，并且带有风险，那么歉收就是租用人的损失，丰收就是租用人的收益。依据严格意义上的权利，歉收并不能导致租金的减少，因为一年的歉收往往可以靠来年的丰收平衡。但是如果夺走他收成的灾难非常稀奇，并且不应当让租用人独自承担这种风险，那么可以另当别论。根据公平原则，此类灾难可以导致租金的减少。

就像财产出租人有义务确保出租物处于适用状态并应承担所有必需的支出一样，承租人应当像善良家长那样使用承租物，并赔偿因其过错造成的任何损失。同样地，依合同承揽工作的人应当

* “hire”一词在英语中有“租赁”和“雇佣”两层含义，此处取“租用”，以尽量涵盖其两层含义。——译者注

赔偿因自己的过错造成的任何损失。

如果某些意外阻止他继续工作，那么出借自己劳务为他人做临时工的人无权请求赔偿。但是，对于雇佣他人长期为其工作的雇主来讲，如果因为被雇佣者中间由于疾病或其他原因不能工作，就将其开除或克减其报酬，是不人道的。

11. 在消费借贷合同中，以在确定时期归还相同数量和质量的同类事物为条件，一个可替代物被给予了他人。

此类借贷合同的标的是“种类物”，即其可以用同类物替代。因为任何同类物都可以互相替代，所以如果一个人收到了相同质量、数量的同类物，就等于收回了出借物。相同之物是靠重量、数量、尺寸来确定和识别的，在这种意义上讲它们是通过量而不是具体特征来衡量的。

借贷要么是无息的，一个人借出多少就收回多少；要么是可以带来利润即“利息”的。收取利息并不违反自然法——只要利息适中，并和借贷人因借贷所获得的收益或者是自己因借贷所遭受的损失或利润丧失相一致；并且该利息不能是向穷人索要的，向穷人借贷是一种仁慈。

12. 在合伙合同中，两个或更多的人将他们的金钱、财产或服 102
务集合起来，以求按比例（*pro rata*）来共同分享合伙带来的利润；并且，如果遭受损失，也由每个人按比例分担。

在合伙中，合伙人有义务勤勉、诚信。合伙人也不能欺骗其他合伙人，提前退出合伙。

合伙解散时，每个合伙人都可以取回出资，并分摊利润和损失。在有些合伙人出货币或财物，有些合伙人出服务的情况下，就有必要考虑出资形式。如果后一类合伙人的服务仅限于照看前一类合伙人的财物或是为其卖东西，那么就应当根据货币、财物所带来的利润与服务的价值之间的关系来确定他们各自应当分摊的利润份额。在这种情况下，资本损失的风险全部由出资人承担。但是如果服务是用来改进其他合伙人的出资物的，提供服务方也有权根据自己的贡献获得相应比例的利润份额。

但是，当合伙是所有合伙人的共同财产的时候，各合伙人应当诚实地将所赚取的利润上交；作为回报，各合伙人的生计维持由共同财产负担。在合伙解散时，应根据各合伙人在入伙时的出资情况分割财产。不应当去追问是谁的投资给合伙带来了收益或损失，除非另有约定。

13. 有几种合同存在机会因素。这其中就包括打赌，即对于双方都不知道的某些结果的出现，一方坚持，一方否认；双方都投下一笔钱，其主张和真实结果一致的一方将获得这些钱。还包括各类争夺奖金的活动。在这其中，有些是冒险性较小的活动，因为在其中包含有智慧、灵敏性、技艺和力量的较量；在有些活动中，智慧和运气各占一半因素；在有些活动中则完全是运气在起作用。政府有义务根据公共利益和人民利益的需要确定要在何种程度上容忍此类合同的存在。抽彩给奖也属于此类合同。比如，一定数量的人凑钱购买某物，然后靠抽签决定他们中的哪一个人可以完全
103 获得该物；抽彩售货，将一定数量的签子或票券——有空的也有写东西的——放在一个器皿中，人们花钱买抽取权，签上写的什么，抽到的人就可以得到什么。与此类似的是保险。它是一种避免风险并弥补损失的合同：为了获得一定数量的金钱，某人承诺为货物

转运过程中可能遭受的风险负责；因此，如果碰巧货物灭失了，保险人补偿投保人的损失。

14. 为了确保合同的可靠性和安全性，当事人常常为合同附加保证和担保。

在保证情况下，合同之外的第三人——债权人认为合适的人——自己加入进来，作为一个储备，承担主债务人的义务。因此，如果主债务人不还债，保证人就替他偿还。保证人这么做的条件是主债务人必须补偿他的支出。

保证人不承担主债务人债务额之外的责任。但是，可以让他承担比债务人更严格的责任，因为更多的信任施加在了他身上。但是，很自然地，主债务人应先于保证人承担责任，除非保证人完全承担了主债务人的责任。在这种情况下，通常称其为"新债务人"。

如果几个人为一个人保证，每个保证人只需按比例承担责任，除非其中有人无力承担责任或者没有机会让他承担责任。在这种情况下，其他人应当承担他的份额。

15. 另外一种常用的确保借贷安全的方法是将属于债务人的财物以担保或抵押的名义移交或转让给债权人，直到债务清偿为止。这么做的目的有两个：给债务人施加压力，催促其还债，因为他想取回自己的财物；掌握一些偿债物。所以担保物的价值常常等于或大于债务本身。

担保物可能是生产性的也可能是非生产性的。如果担保物是生产性的，通常会附加一个担保物使用协议，因此债权人就可以收取担保物所生孳息以代替利息。如果担保物是非生产性的，就可

以适用法律的失权条款，即是说，如果在确定时间内债务人不偿还债务，那么担保物就归债权人所有。如果下列条件得到满足，上述
104 做法并非自然的不公平：抵押物的价值不高于债务及其利息，或者虽然高于但多余的部分被返还给了债务人。

债权人在债务清偿后必须返还担保物。所以，在担保期间内，他有义务像保管自己之物那样保管担保物。如果没有签订担保物使用协议，并且抵押物会因使用而毁损，或者使用担保物会对债务人的利益产生影响，那么在没征得债务人同意的情况下，债权人不得使用担保物。

抵押和担保的区别在于：担保涉及到物的移转；抵押只需移转某项财产，特别是不动产，在债务没获得清偿的情况下，债权人便可用其偿债。

16.很明显，合同当事人的义务是从合同的性质和目的中推导出来的。

第十六章　论契约债务终止的方法 105

1. 终止契约债务的方法有很多种，其后果是契约债务的消灭。最自然的方法就是履行或清偿约定的债务。一般来讲，有义务偿还债务的是债务人。但是，如果事实上由谁偿还债务并不重要的话，在他人以签约债务人的名义作出了清偿的情况下，债务也会终止。但是，如果某人代偿却并无免费相赠之意，他可以向债务人主张返还所代偿之金额。

清偿必须向债权人做出，或者是向债权人授权以其名义接受履行的人做出。

最后，履行或清偿物必须与契约的约定相符合，不能以其他事物代替。该物必须是完整的、无损坏的，而不能只是一部分或已被分割。还必须是在约定的地点和时间履行。但是，债权人的仁慈或债务人的无力偿债都可能导致清偿期限延迟，甚至是标的物变更。

2. 义务也可能因抵消而消灭。抵消是债权和债务的相互冲抵，或者是由于债权人自己也欠债务人相同种类、相同价值的债务，债务人获得了自由。因为“等值”就意味着“相同”——对于可替代物来讲更是如此，并且在互负债务的情况下，我一接受给付就得马上原样返还。所以，为了避免不必要的交易，最方便的清偿方法就是互相抵消。

106 很明显，严格意义上的抵消适用于相同种类的、给付时间或前或后的可替代物，而不适用于不同种类的事物或不同类型的履行，除非它们都可以折合成货币价值。

3. 债务也可以因债权人和债务履行受益人的免除而终结。免除可以通过表示同意的符号明确表示，例如，做出一个正式的解除通知，归还或撕毁借贷证书。也可以通过默示的方式表示，例如，直接阻止债务清偿，制造阻止清偿的事由。

4. 在合同义务履行之前，双方互负的债务通常也可以因双方撤回同意而终止，除非国家的法律禁止这样做。但是如果一方已做出了某些履行，他可以免除对方的债务，也可以要求以其他方式获得赔偿。

5. 任何一方的违约都是破坏而非终止债务。如果一方不履行约定义务，另一方也不用为相应给付。因为后履行义务的履行是以先履行义务的履行为条件的，正如谚语所言："如果你先履行，我就后履行。"

6. 如果任何一方当事人——债的主体或债的合法受让人——改变了构成债的唯一基础的事情，债也会终止。

7. 有固定存在期限的债务会因时间的经过而终止，除非存续期间因合同当事人明示或默示的约定而延长了。为使债务继续有效，延期约定必须在原债务存续期间内做出。

8. 最后，人格性义务随着主体的死亡而终止。随着主体的消亡，债务也就不应再存在。然而，某人死后，其债务常常还在生存者中间延续。这要么是因为生存者——为尽孝道义务或因为其他原因——愿意自己承担死者的债务；要么是因为该生存者继承了死者的遗产(财产和债务一起)，他必须用死者的财产偿还债务。

9. 债务人变更是指由债务人提出，经债权人同意，由债务人的债务人代替其偿还债务。在这种情形中，债权人的同意是必需的，
次债务人同意则不然。只要债权人接受，即使次债务人并不知道 107
我已将债务转给了他(如果知道了甚至会拒绝)，债务也可以变更。因为对次债务人来讲，向哪一位债权人做出清偿都是一样；但是对于债权人来讲，是向债务人还是向其他人主张债务却有很大的不同。

108

第十七章　论解释

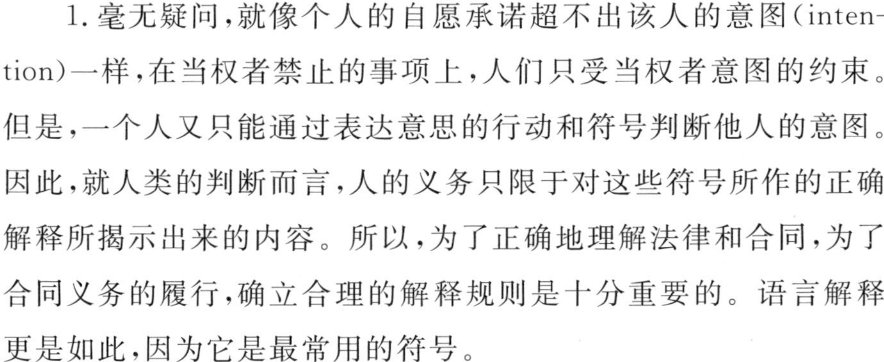

1. 毫无疑问，就像个人的自愿承诺超不出该人的意图（intention）一样，在当权者禁止的事项上，人们只受当权者意图的约束。但是，一个人又只能通过表达意思的行动和符号判断他人的意图。因此，就人类的判断而言，人的义务只限于对这些符号所作的正确解释所揭示出来的内容。所以，为了正确地理解法律和合同，为了合同义务的履行，确立合理的解释规则是十分重要的。语言解释更是如此，因为它是最常用的符号。

2. 一般用语的解释规则是这样的：语言一般应按照它们合理的、通常的意思解释。这种意思不是来源于严格论证或语法推理或词源探求，而是来源于共同的习惯："共同的习惯就是仲裁者，就是法律和用语规范。"[1]

3. 专业术语要按照各领域专家所作的界定来解释。但是如果对于技术术语专家们各有各的理解，那么用日常用语来表达特定术语所要表达的意思就可以避免争论。

4. 如果语词或表达是有歧义的，或者一篇文章的某些部分看上去是互相矛盾的，那么只要有可能通过巧妙的解释来调和它们，

---

① Horace, *Ars poetica*, 72.

为得到真正的含义，推测也是必要的。因为如果矛盾是确定而明显的，那么后来的陈述将优于早先的陈述。

5. 对含混、复杂段落的意图与正确含义的推测是根据主题、效 109
果和相关段落来进行的。

和主题（subject-matter）相关的规则是：一般应在主题之下理解语词。因为通常认为在其谈话中谈话人的思想应当是连贯的。所以，语词的含义也应一直和主题相一致。

6. 有关效果（effect）的规则是这样的：如果简单地、照字面意思理解毫无意义或者意思很荒谬，那么为了避免无意义和荒谬，可以违背语词的通常含义。

7. 最有意义的推测来自于相关段落，因为通常认为一个人应当是前后一致的。段落可因位置或来源而联系在一起。关于前者，第一条规则是：如果同一作品有些段落的意思表述是明白、清晰的，那么抽象的表述就应被解释成明晰的表述。第二条规则是：在解释任何段落的时候，必须仔细注意前后的段落，因为通常认为它们之间是一致的。关于后者，规则是：在同一作者的作品之内，抽象的表述应当用他明晰的表述解释，即使它们是在不同的时间、地点出版的，除非很明显他的思想发生了变化。

8. 通过探寻法律目的或立法者的立法动机和立法考量而揭示语词的真实意思也是有价值的。如果很明显待考量的目的就是唯一的立法目的，其价值就更大。前述做法特别适合解释法律。此种解释所要遵循的规则如下：与立法理由一致的解释应当得到遵循，与立法理由相悖的解释则应拒斥。同样地，如果唯一的、充分的立法理由不存在了，法律也就要废止了。但是如果一部法律不止有一个立法理由，它并不因其中一个理由的消失而完全废止，因为其余的立法理由可能会向其提供足够的支撑。常常也有这种情况：立法者的意愿（will）本身很充分，但是立法理由却不为人知。

9. 此外，我们还要注意的是，很多语词不止有一个意思，有的意思宽泛，有的意思严格。并且，它的意思可能是有利的，也可能
110 是不利的，还可能是混合的。如果它给双方当事人平等的保护，如果它寻求公益或支持立法行为，如果它促进和平等等，那么它的意思就是有利的。如果它只损害一方当事人或使一方遭受比另一方更大的损失，如果它招致刑罚，或导致行为无效，或改变事物的现时状态（*status quo*），或促进战争，那么它的意思就是不利的。如果它为了和平而改变事物的现时状态，那么它的意思就是混合的。

对于此类语词，解释的规则是：扩大解释有利的表述，严格解释不利的表述。

10. 对言词之外的表述方式的解释也存在推测。它有时候会导致宽泛的解释，有时候会导致狭隘的解释，尽管寻找限缩解释的理由要比寻找扩张解释的理由容易。

如果很明显和当前情况相符合的理由就是立法者唯一的理由，并且立法者已将立法理由做了最大限度的扩张，以使其包含类似的情况，那么就可以将法律扩张适用到它本身并无明确规定的情况。为应付诡诈者设计的妄图规避法律的情形，法律也必须被扩张适用。

11. 另一方面，对概括表述的限制要么是因为原初的意思缺陷，要么是因为新出现的情形与原先的意图相矛盾。通过以下情形我们可以认识到某些意思可能并不是立法者的原初意图：(1)如

果不做限制就会产生荒谬的结果，而头脑健全的人（立法者就是被如此设想的）都不会怀有类似意图。所以，概括表述应受到限制，否则就会产生荒谬的结果。（2）缺乏表明意图的理由。所以，对和唯一、充分的立法理由不相一致的情形不应做广义理解。（3）当事人缺乏一以贯之的主旨。所以，对概括表述只能做和实际主旨相一致的解释。

12. 立法者意志和随后出现的情形相矛盾这一事实要么是通过自然理性发现的，要么是通过他的某些意思表示发现的。

在下述情形下，自然理性会发现前述的不一致性：如果不将某些特殊情形从一般法中排除出去，便不符合衡平的要求。由于其普遍性，衡平成了不完善之法律规定的矫正器。由于可能情形的无限多样性，并非所有的情形都能被预见或表述。所以，当一般性
规定被适用于特殊情形的时候，必须排除如果立法者自己预见也 111
会排除的情形。但是如果没有充分的证据，一个人也不能求助于衡平。最可靠的证据是：很明显，如果严格遵循人定法将会违反自然法。可靠性居于第二位的证据是：尽管遵守人定法不被禁止，但是从人道的角度讲那将是压制性的、难以忍受的（不管是对一般人还是对个人），或者人定法目的的实现将会付出沉重的代价。

13. 最后，如果在当前情形下，另一段落的语意和待定法律或合同不能同时被遵守，即使是不存在一般性的冲突，也必须允许一般性表述之外还存在例外。

在两个法律不可能同时得到遵守的情况下，应当遵循以下规则：（1）单纯的允许性规范应让位于命令性规范；（2）在某一特定时刻必须完成的事项优先于没有特定时刻要求的事项；（3）积极性律

令应让位于消极性律令,或者如果积极性律令的遵守要以违反消极性律令为前提,那么在当下就应拒绝遵守积极性律令;(4)对于契约和法律而言,如果其他情形相同,特殊规范优先于一般规范;(5)如果在某一时刻不可能同时履行两个相互冲突的义务,应优先履行更有用的或更值得履行的义务;(6)如果同时履行是不可能的,那么立誓的义务优先于没立誓的义务;(7)完全债务优先于不完全债务;(8)如果其他情形一样,规定施舍的法律应优先于规定获利的法律。

第　二　卷

第一章　论人的自然状态

115

1. 我们接下来必须探讨不同的人类生活状态所施加给人的义务。在这里，一般意义上的"状态"(state，*status*)是指为特定种类义务之履行而给人设置的条件。每一种状态都有它自己特殊的法律(*jura*)。

2. 人要么处在自然状态中，要么处在文明状态中。如果仅靠理性的话，可以从以下三个方面来认识自然状态：人与造物者上帝的关系；人与自己的关系；人与他人的关系。

3. 从人与上帝的关系来看，在自然状态下，人被造物者上帝放在了比其他动物更为优越的位置之上。正因为如此，人才应该承认并崇拜上帝，敬畏他的工作，过完全不同于动物的生活。所以说自然状态与动物的生活状态是完全不同的。

4. 从人与自己的关系来看，我们可以这样想象自然状态：在既有的人性条件下，如果人孤立无依，不能得到来自他人的任何帮助，那么他会处于何种状态？如果我们考虑一下人降生时的极端软弱(如果没有他人的帮助将会即刻死去)，考虑一下如果没有其他资源(人自己的体力和智力除外)人将要过的简陋生活，我们就会发现，人在自然状态中的处境可能会比任何动物都悲惨。也许会有人进一步主张：我们之所以能走出困难，之所以能享有无数的

116 财物，之所以能修养身心促进自己和他人的利益，都是由于他人的帮助。在这一意义上讲，自然状态和经人力所改造的生活状态是不同的。

5. 从人与他人的关系来看，自然状态是这样的：以种族亲缘关系（这来源于相似的自然本性）为基础，作为契约（人对他人的义务即来源于此）先行者的人已开始了相互交往。从以下意义上讲，人是生活在自然状态中的：他们之间没有共同的主人，互不隶属，互相之间也不存在利害关系。在这种意义上讲，自然状态和政治国家是不同的。

6. 此外，还可以从幻想或实存的角度去认识自然状态的特征。如果我们认为在人类历史之初就有很多人，他们之间互不依赖——就像卡德摩斯兄弟（brothers of Cadmus）神话[①]所讲的那样，或者我们认为人类是如此分散，以至于每个人都各自管理着自己，本性相似是他们唯一的纽带，那么，我们就会认为自然状态只是一种虚构。但是现实存在的自然状态却表明：每个人都和其他一定数量的人共处在一个特定的联合体之中，即使他们和联合体之外的人没有任何关联（共同的种类归属除外），对他们不负有任何形式的义务。在目前，国与国之间以及不同国家的公民之间就是这种状态。在文明国家之前，不同家庭的家长之间也是这种状态。

7. 的确，很明显的是，整个人类从来不曾同时处在自然状态之

---

① Phoenix and Cilix, eponymous ancestors of, respectively, the Phoenicians and the Cilicians.

中。人类始祖(《圣经》教导说所有属血气的人都起源于他)的孩子
都处在同一个父系权威之下。但不管怎样,在此之后,自然状态在
特定的人之间出现了。因为,为填充空荡荡的世界,也为了给自己
以及自己的牲畜寻找更宽敞的生存空间,最早的人类离开自己的
祖居之地,在世界各地分散开来。在这一过程中,独立的男子们便
建立了他们自己的家庭。他们的后代继续照此分散,特殊的血缘
纽带以及与之相伴的感情也就逐渐消失了,只剩下相似的自然本 117
性作为维系。于是人类就极大地繁衍开来,并认识到了分散生活
的弊端。于是,慢慢地,住处相近的人便开始聚合起来,先是组成
小的城邦,然后又在小城邦的基础上通过自愿或战争结成了较大
的城邦。这些城邦仍处在自然状态之中,唯一的联系纽带是共同
的人性。

8.生活在自然状态中的人们所要服从的最基本的法律就是要服从上帝、对自己负责。从这一意义上讲,自然状态也可以被称为自然自由。自然自由意指,任何人都只处在自己的权利和权力之下,不服从其他任何人的权威(先行行为确认的除外)。这也是人人平等,不存在臣服关系的原因。

此外,因为人拥有神启的理性控制自己的行为,所以生活在自然自由之中的人就不靠任何其他人来管理自己的行为。他有权根据自己的理性判断和自己的意愿做任何事情。并且,基于所有生物都具有的本能,人必须毫不懈怠地用尽一切办法保护自己的身体和生命,抵抗一切可能伤害自己的危险。因为在自然状态中人的意志和判断不服从于任何权威者,所以由每个人自己判断他所采取的措施是否有利于自我保存。不管他多么注意倾听别人的意

见，最后都要由他决定是否采取某项措施。不过，从本质上讲，遵循正确理性和自然法的指导对于实现良好的个人自我管理是必不可少的。

9. 从自由方面（不用臣服于任何权威者）看，自然状态可能具有极大的吸引力。但事实上，人在进入国家之前面临着诸多不便。不管是生活在其中的一般个体，还是各家庭的家长，都无法避免这些不便。这些困难是你可以想象得到的：一个人（成年人也不例外）孤独地生活在这个世界上，得不到任何可以减轻负担、丰富生
118 活的帮助和便利。人赤身裸体而又愚蠢，寻野草树根以充饥，觅荒泽坑水以解渴，在洞中躲避狂暴恶劣的天气，时刻面临着野兽的袭击，心中充满了恐惧。那些家庭联合体（独立而又分散）成员的处境可能稍微好些，但仍无法和文明生活相比。这种差距更多地不是因为贫穷（由于需求较少，家庭似乎可以缓解这一困难），而是因为家庭无法确保安全。概言之，自然状态和国家的不同是：在前者，个人靠自己的力量保护自己，在后者，则是依靠全体的力量；在前者，个人的劳动成果无法得到有效的保护，在后者，所有人的劳动成果都可以得到保护；前者受激情的统治，充满了战争、恐惧、贫穷、粗俗、孤独、残暴、无知、野蛮，后者受理性的统治，充满了和平、安全、富裕、高尚、合作、温和、开化、仁慈。

10. 在自然状态中，如果有人不履行契约义务，或侵害他人，或以其他方式引起了纠纷，没有人可以靠权威强迫侵犯者履行契约、赔偿损失。在国家中，情形就不同了，个人可以请求共同体法官的救济。但是，由于自然不允许人因微小的刺激而发动战争，所以，即使一个人确信自己是完全正确的，也应当首先尝试用温和的方

法解决争端。即，双方当事人可以友好协商，达成绝对有效的（而非附条件的）相互承诺，也可以将争议交由第三方裁决。

裁决者必须公平地对待双方当事人，并不带偏见地作出裁决，裁决只能以案件事实为依据。正因为如此，在一个案件中，如果某人可以因某方当事人的胜利获得比另一方当事人胜利时多得多的利益或荣誉，与一方的获胜有利害关系（不管何种形式），那么此人就不可被任命为裁决者。所以，在裁决者和当事人之间不能有迫使裁决者偏袒其中一方的协约。

如果裁决者不能通过当事人自认或可信任的文件或可得判定的论点和论据等确定案件事实，那么就只能靠证人陈述来确定该事实。自然法，有时是誓言的神圣性，迫使证人说实话。但最好不要接受以下人士作为证人：因友谊、憎恨、冤仇或其他较强的情感 119

冲动，甚或是其他更密切的关系，而对一方当事人怀有特殊的感情，从而在作证时会陷入良心冲突之人。并不是每一个人都有足够的定力去克服这些情感。调停是很神圣的义务，有时候诉讼可以通过双方朋友的调停而得以避免。但是在自然状态中，如果一方当事人不同意履行义务，则由相对方个人负责做出解决裁决并执行。

11. 自然自身决定了人之间有某种亲缘关系，它强行规定：伤害他人是错误的，促进他人利益是绝对正确的。但是，在处于自然自由状态的人中间，这种亲缘关系的效力却是非常微弱的。所以，我们不应将外国人或与我们一同处在自然状态中的人视为我们的敌人，而应将他们当做不值得完全信任的朋友。人不仅可以对他人实施严重的侵害，还会频繁地因各种原因而如此行为。有些人伤害他人是由于邪恶的天性或者贪求权力和财富；有些人（尽管他生性温和）则是拿起武器自保，以避免被他人击垮；有些人为追逐同一目标而互相竞争；有些人则通过智力进行竞争。所以，下列情感是与自然状态永恒相伴的：猜疑、不信任、期望削弱他人的力量、渴望出人头地、梦想毁灭他人而壮大自己。一个好人应该有知足感，不伤害他人或贪图他人的利益。所以，爱惜自己安全的谨慎之人会相信所有的人既可以成为自己的朋友也随时可能成为自己的敌人；他既会和所有的人保持和平，同时也知道战争随时可能爆发。所以，即使是在和平时期也储军备战之国被认为是明智的。

第二章　论婚姻义务 120

1. 第一种由人类的先行行为组合而成的人类联合状态便是婚姻。婚姻是社会生活的第一种形式,同时也是人类繁衍的播种床。

2. 首先应明确的是,异性间强烈的吸引力不是被全能的上帝设计用来满足人单纯的愉悦感的。如果仅仅是这样,它必然会给人类带来极端的邪恶与混乱。上帝是要用它来增进夫妻关系,鼓励他们承担起养育孩子的责任与负担的。所以,任何背离此目的的男女媾和都是违背自然法的。因此,应当禁止与异类交合,禁止同性恋,禁止肮脏的性交易,禁止婚外性行为(不管是通奸还是强奸)。

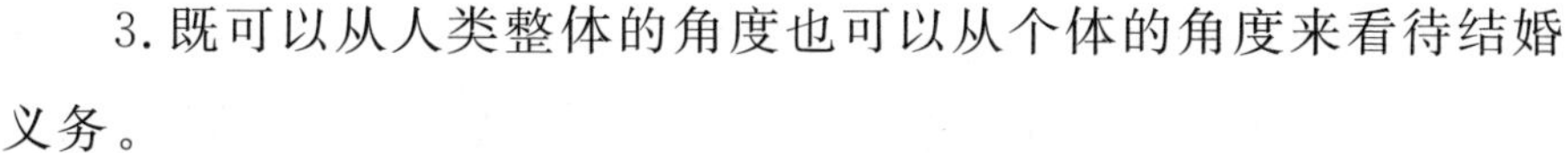

3. 既可以从人类整体的角度也可以从个体的角度来看待结婚义务。

从第一个角度来看,人类的繁殖绝对不能靠随意的性滥交来实现。必须用婚姻法来规制它,使它在婚姻内进行。离开这一点,体面、有序的人类社会和文明生活的发展都是不可想象的。

从第二个角度来看,如果时机成熟,个体应当结婚。这不仅涉 121
及到年龄和生育能力,还要看双方是否般配、(男方)抚养妻儿的能力,以及男子是否适合做一家之长。如果一个人想过独身生活,并觉得如果不结婚的话可以给人类或他的国家做出更大的贡献,那么他可以不结婚。如果他的国家繁衍兴旺,则更可以如此。

4.将要结婚的人通常会,也应当达成契约。一个普通而完整的契约往往由下列条款组成:

(1)从男女两性特征出发,应当由男方提出要约。因为男方的目的是要生自己的孩子,既不是领养的也不是妻子与别人通奸所生,所以女方应宣誓忠于男方,除他之外不允许任何人使用自己的身体。同样地,男方也应忠于女方。

(2)缺乏稳定居所和固定财产的漂泊流浪生活与文明的社会生活是不相容的。最好由父母双方共同将孩子(属于父母双方)抚养成人。此外,长期居住在一起对于和睦的夫妻来讲是一大幸事,这样也更能确保妻子的忠贞。基于以上几点原因,妻子应承诺与丈夫住在一起(不离开他),与其密切相处,并只组成一个家庭。这背后隐含着一个相互的承诺:他们将按照婚姻关系自然属性的要求互相忠诚。

(3)与双方的自然属性相符合的是,男性在婚姻关系中应处在权威者的地位,并且他应当成为他所建立之家庭的家长。所以,在婚姻事务和家庭事务上,妻子应服从丈夫的指导。因此就应当由
122 丈夫决定家庭定居在何处,妻子不可拂逆夫意、不可与夫分居。然而,从婚姻关系的本质中推不出丈夫的下列权力:生杀大权、施加重刑的权力、对妻子财产(全部或部分)的完全处分权,尽管在一些地区某些特殊的夫妻契约或市民法对这些权力进行了规定。

5.尽管一个女子同时与几个男子同居很显然是违背自然法的,但是很多民族(包括以前的犹太民族)却存在以下习俗:一个男子可以同时拥有两个或更多的妻子。但不管怎样,即使不考虑《圣

经》中记载的人类始祖的婚姻制度，现在普遍认为（在理性的指导下）一夫一妻更恰当也更有用。这已是在欧洲各基督教国家流行了几个世纪的习俗了。

6. 婚姻结合的亲密本质明确表明：婚姻应当是永久性的，只在一方死亡时才结束，除非当初的婚约被通奸或恶意抛弃所破坏。由于其性质、影响与恶意抛弃根本不同，所以简单的分居（如分开食宿）已被基督教徒所接受。在这种情况下再婚是不被允许的。这样做是要防止某些人通过恶意抛弃的方式达到离婚的目的，也是要鼓励夫妻双方彼此谅解与容忍，使他们没有再婚的希望。但是，如果婚约已遭到了破坏，受伤害的一方可以解除婚约。如果受伤害者想要和好并且着手这样做了，婚约对另一方就仍然具有约束力。

7. 如果年龄和身体条件都已具备，只要不存在道德和市民法障碍，一个男子可以和任何一个女子结婚。如果某人已有配偶，则不管是男性还是女性，其要再婚的话都面临着道德上的障碍。

8. 合法婚姻的另一个道德障碍是太亲近的血缘关系或拟制血缘关系。正是基于这一原因，自然法也将直系尊亲属和卑亲属（不 123
管隔了多少代）之间的婚姻视为非法。与旁系亲属结婚——比如和姑母、姨母、姐妹等，或者是和继母、岳母、继女等——不仅违背神法，而且也与文明国家的法律和基督教戒律不相符合。此外，很多国家的法律还禁止在更远的亲属间通婚，把这当做保护前述更亲近关系的篱笆，使其更不容易遭侵犯。

9. 针对其他合同和交易，市民法已统一规定了一些明确的要件，缺少这些要件将会破坏它们在法庭上的效力。在婚姻当中也是如此。有些地方的市民法为了维护道德风俗和良好的秩序，还专门就某些特定的仪式作出了要求。这些规定虽然不属于自然法，但如果公民不遵守这些规定，婚姻将不发生法律效力，或者至少这种结合将不会产生与普通婚姻相同的效力。

10. 丈夫的义务是爱、支持、管理和保护自己的妻子。妻子的义务是爱、尊敬自己的丈夫，扶助他，不仅要帮助他养育孩子，还要帮助他料理家务。婚姻关系的亲近性要求双方成为同富贵共患难的伙伴，如果一方遇到了困难，另一方有义务提供帮助。双方还应当抱持共同的信念，彼此磨合，保持和谐，尽管女方在这一过程中应更多地谦让。

第三章　论父母与子女的义务 124

1. 婚姻的果实是孩子。亲权(paternal power, *patria potestas*)就是建立在这一基础之上的。亲权既是最古老的也是最神圣的权威(authority, *imperium*)形式。它要求孩子们尊重父母的命令并认同这种高于自己的权威。

2. 父母对子女的权威主要有两个渊源:第一个渊源是自然法本身。它命令人们社会化,给父母施加了照顾子女的义务。为防止懈怠,自然已在父母心中植入了一种对后代的最强烈的情感。为履行这一照顾义务,就需要有相应的权力,以指导孩子们的行为,确保他们的安全。由于还不具备判断能力,孩子们还不能照顾自己的安全。

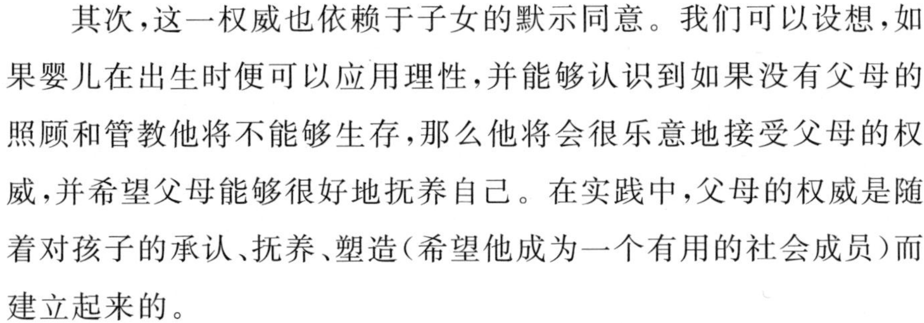

其次,这一权威也依赖于子女的默示同意。我们可以设想,如果婴儿在出生时便可以应用理性,并能够认识到如果没有父母的照顾和管教他将不能够生存,那么他将会很乐意地接受父母的权威,并希望父母能够很好地抚养自己。在实践中,父母的权威是随着对孩子的承认、抚养、塑造(希望他成为一个有用的社会成员)而建立起来的。

3. 就孩子的出生而言,父母双方的贡献是相等的。所以,从生理意义上讲,孩子是平等地属于父母双方的。因此,我们有必要仔细探讨哪一方对孩子享有最高权力。

对此，我们必须进行仔细地区分。如果孩子是在婚外出生的，
125 他首先应当属于他的母亲，因为只有靠母亲的证词才能确认他的父亲。生活在自然自由状态中的人或不受市民法约束的人可以订立一个协议，约定母亲的权力高于父亲的权力。

但是在国家之中——国家当然是由男人而非女人建立的——父亲的权力高于母亲。因为婚姻契约通常是由男人主导订立的，他因此成了家庭的首领。所以，尽管孩子们当然需要尊敬、感激母亲，但是如果母亲的命令与父亲的理性教导相冲突，他们就不必服从。但是，如果父亲死亡，他对孩子的权力（至少是在他们成年之前的权力）就移交给母亲；如果母亲改嫁，这一权力便移交给了孩子的继父，因为他承担了亲生父母的责任和照顾义务。如果一个自由人抚养了一个弃儿或孤儿，那么他就有权利要求获得该孩子的尊敬和服从。

4. 为了更准确地理解亲权的限度，我们必须将生活在自然自由状态中的各自独立的家长和已臣服于国家的家长区别开来，并且把已臣服于国家的父亲所享有的权威（authority）和作为家长的父亲所享有的权力（power）区分开来。

自然已给父亲施加了下述义务：恰当地抚养自己的孩子，以使其成为人类社会一个有用的成员。所以，父亲就被赋予了达成该目的所必需的权力。但是，可以肯定的是，该权力没有达到允许父母堕掉母腹中的胎儿、抛弃或杀死新生儿的程度。因为尽管孩子确实是父母身上掉下的肉，但他们仍和父母一样具有人的特征，也可能遭受父母的侵害。这种亲权也没有达到可以因孩子的犯罪行

为而行使生杀大权的地步，而是被限制为只可以行使合理的惩戒权。因为我们所要管教的是不成熟的未成年人，这种应当受到极刑对待的严重犯罪极少发生。但不管怎样，如果一个孩子固执地拒绝服从所有戒律，并且没有任何变好的希望，那么可以将他逐出家门，弃之不管。

5. 我们接下来将结合孩子成长的不同阶段来探讨这种狭义上的亲权。

在初始阶段，孩子应用理性的能力还没有得到发展，他的所有行为都要受父母的控制。在这一阶段，如果有财产从他人那里转 126
移到孩子手中，应当由他的父亲替孩子接收并予以管理。尽管财产的所有权归孩子，但是，在孩子成人之前，把财产所生利息归于父亲则是合理的。同样地，父亲有权以自己的名义索要孩子的劳动所得或其他报酬，并应当将其用于对孩子的抚养。

6. 如果孩子已经成年，具有了成熟的判断力，但仍是父亲家庭的一员，我们就应当考虑区分父亲的监护权和父亲的家长权。在第一种情形下，父亲的目标是要恰当地抚养和管教孩子。很明显，即使是成年孩子也应当服从父母的管教，因为他们在智慧上要长于孩子。

任何想得到父亲的财力支持并在其后继承这些财产的孩子都必须调整自己以适应父亲家庭的生活方式。在任何情况下，管理家庭都是父亲的特权。

7. 但是，在进入国家之前，家长们在家庭中行使的是一种类似于王权的权威。所以，只要孩子们还生活在其家长的家庭中间，他们就有义务将其父亲的权威尊为至高无上的权威。

但是在国家建立之后，家长权（和其他权力一起）被调整了，以适应国家利益和国家权力的行使。在不同的地方，家长权都或多或少地被留给了父亲。所以，我们可以看到，在有些国家，父亲对孩子拥有生杀予夺大权（在孩子犯罪的时候行使）。但是在其他国家，为防止家长们滥用权力危害公共利益或恶意虐待孩子，这些权利都被剥夺了。这样一来，孩子们的恶行也就不会被父爱所纵容以致损害公共利益。这也解除了父亲宣判严酷刑罚的义务。

8. 但是，如果一个孩子已经完全脱离了父亲的家庭，并建立了自己的新家庭或加入了其他家庭，他父亲的权力就消逝了。但是，感激和尊重义务仍然存在，因为它们是建立在父母的恩惠之上的，
127 对于这些恩惠，子女是永远也无法回报的。是父母给了孩子们以生命，这是他们所享有的最大祝福。父母还辛辛苦苦花费巨大代价将他们抚养成人，使他们能够成为社会的合格成员，并给了他们谋生技巧以谋求舒适和富裕的生活。

9. 尽管自然给父母施加了抚养孩子的义务，但这并不妨碍父母在必要的时候，或为了孩子的利益，将此项任务委托给他人。但是，父母应当保留对受托人的监督权。

正因为如此，父亲可以把教育孩子的权力委托给一个称职的老师。如果对孩子有利，他也可以把孩子交给别人收养。

此外，如果父亲没有其他办法抚养孩子，他可以拿孩子做债务抵押，或者将孩子卖身为奴以防其饿死，可以做出上述行为的最低条件是：如果父亲的境况转好或某个亲戚愿意将孩子赎回，那么质押或出卖行为可以撤销。但是，如果父母惨无人道地抛弃了自己的孩子，收留或收养该孩子的人便获得了父权，所以这个被收养的

孩子便应当孝敬服从抚养他的人。

10. 在孩子仍然需要帮助和喂养的时候，除非有重大事由，做父亲的不应当把孩子逐出家门。同样地，未经父亲允许孩子也不得脱离父亲家。孩子在结婚的时候一般会脱离父亲家。无论在何种情况下，自己的孩子和谁结婚、生子对父母来讲都是很重要的。所以，孩子的孝敬义务就要求他们在婚姻事项上遵从父亲的意愿，不要违背他的意愿结婚。但是，如果孩子已经违背父母的意愿签订了婚约并已完婚，这一婚姻在自然法上并不是无效的。如果他们的动机是不想再拖累父亲家，并且这一结合在其他方面并没有什么不妥，情况则更是如此。所以，如果这种婚姻在某些地方被认为无效的或非法的，这就是市民法上的问题了。

11. 父母的主要义务是适当地抚养孩子，通过恰当和明智的抚养方式塑造孩子的身心，从而使他们成为人类和政治社会德才兼备的成员：诚实、智慧、秉性优良。父母还应当使子女从事合适的、 128
正当的职业，只要条件和机会允许，应尽量给予并增进他们的财富。

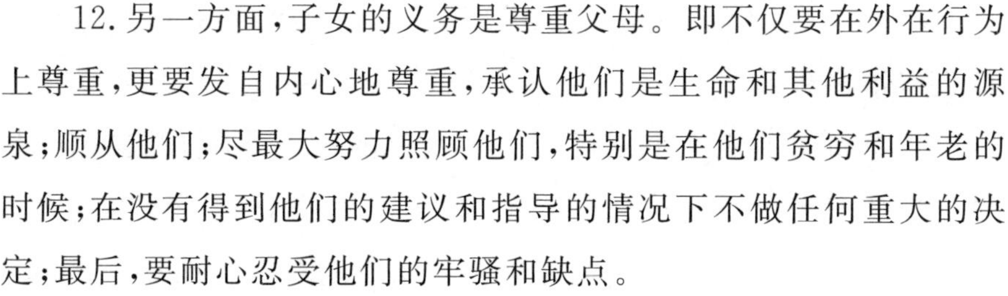

12. 另一方面，子女的义务是尊重父母。即不仅要在外在行为上尊重，更要发自内心地尊重，承认他们是生命和其他利益的源泉；顺从他们；尽最大努力照顾他们，特别是在他们贫穷和年老的时候；在没有得到他们的建议和指导的情况下不做任何重大的决定；最后，要耐心忍受他们的牢骚和缺点。

129 # 第四章　论主人与奴仆[①]的义务

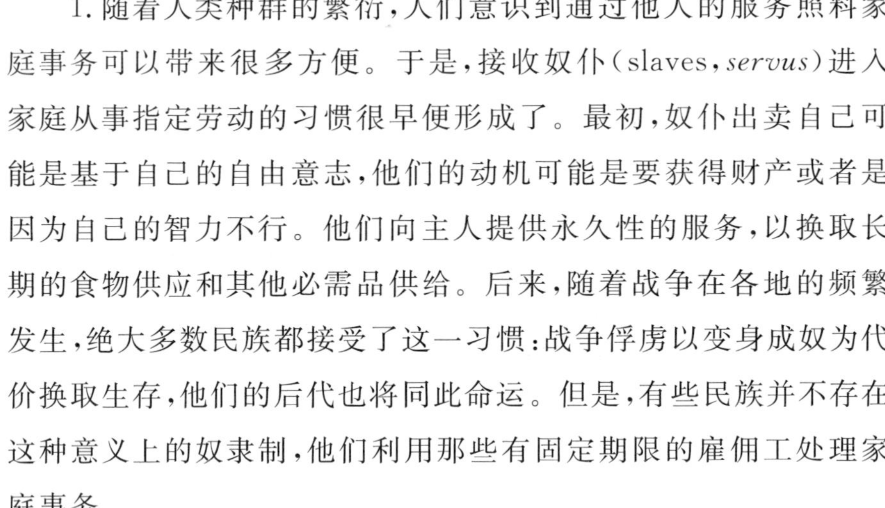

1. 随着人类种群的繁衍，人们意识到通过他人的服务照料家庭事务可以带来很多方便。于是，接收奴仆(slaves，*servus*)进入家庭从事指定劳动的习惯很早便形成了。最初，奴仆出卖自己可能是基于自己的自由意志，他们的动机可能是要获得财产或者是因为自己的智力不行。他们向主人提供永久性的服务，以换取长期的食物供应和其他必需品供给。后来，随着战争在各地的频繁发生，绝大多数民族都接受了这一习惯：战争俘虏以变身成奴为代价换取生存，他们的后代也将同此命运。但是，有些民族并不存在这种意义上的奴隶制，他们利用那些有固定期限的雇佣工处理家庭事务。

2. 因为奴役状态有不同的等级，所以主人的权力和服务的条件也有很多种。

一个暂时的雇佣工能得到主人支付的约定薪酬，并应因此提供约定的服务。在这一合同当中，主人的地位较高。所以这种雇佣工应当根据雇主的尊贵地位给予其相应的尊重。如果工作不尽职或疏忽大意，他应当受到惩罚，但是主人自己无权对他施加严重

---

① “*Servus*”，普芬道夫使用的这个词涵盖了“仆人”和“奴隶”两种意思。

的肉体伤害，致其奄奄一息。

3. 出于自己的自由意志而使自己处于长期奴役状态的仆人有 130
权从其主人那里获得永久性的食物供应和其他生活必需品供给。相应地，他应当做主人所要求的任何事情，并诚实地将所赚取的利润归于主人。但是，在这一过程当中，主人应当仁慈地考虑奴仆的体力和技术，不能残忍地要求他做力不能及的事务。他也应当服从主人的矫正，不仅应当停止工作中的疏忽大意，还应使自己的工作方式与主人家庭事务的尊贵性、体面性相一致。但是，不能违背此种奴仆的意志将其卖给别人，因为他自愿选择的是眼前的主人，而不是其他人；他愿意为谁服务是他自己的事。如果他对主人家庭之外的人犯了重罪，在国家之中，他应当受到政府的惩罚；如果该家庭处在国家之外*，他可能会被逐出家门。但是，如果犯罪所针对的是孤立家庭本身**，他甚至可能会遭到死刑的惩罚。

4. 最初的时候，在战争中被俘获的俘虏一般都会受到非常野蛮的对待。因为人们依然将对敌人的愤怒施加在他们身上，并且他们曾对我们和我们的财富发动过残酷的攻击。但是，一旦战胜者和被征服者就联合组成家庭达成了双边协议，以前的所有敌意就都消除了。总之，主人不向战败为奴的奴仆提供基本的生活必需品，或者是毫无理由地粗暴对待他，致其奄奄一息，都是不对的，除非该奴仆犯了死罪。

5. 依据习惯，无论是因战争而降为奴仆的人还是被卖身为奴

* 即无国家状态。——译者注

** 即处于无国家状态中的家庭。——译者注

的人，就和我们的其他财产一样，都可以按照我们的意愿被转让给他人，也可以像商品那样标价出售；奴隶的身体本身也是属于其主人的。但是因为人道(humanity)命令我们不要忘记奴隶终究也是人，所以我们无论如何也不能像对待其他财产那样对待他：利用、滥用并随意破坏。如果一个人决定将此种奴隶转让给他人，他应当尽力保证该奴隶(这甚至超出了该奴隶应得的范围)不会被送往可能会遭受非人道待遇的地方。

131 6. 最后一点是举世公认的：奴仆父母的后代本身也处于奴仆的地位，并应当作为一项财产从属于其母亲的主人。这一实践的理论支撑是：使从母体产生出来的东西归属于母体的所有者是合理的；如果主人对孩子的父母行使战争权，那么很明显孩子就不会出生；除了主人的财产之外孩子的母亲没有任何东西抚养自己的后代，因为母亲一无所有。所以，由于在孩子可以提供劳役之前主人长期为其提供食物，并且他此后的劳役价值并不比他同时期的生存成本多出多少，所以，不能在违背其主人意志的情况下解除他的受奴役状态。但是，应当明确的是，这些由于家庭出身而成为奴隶的人并不是由于其自身的罪过而成为奴隶的，所以没有理由让他们受到比对永久性雇工还残酷的待遇。

第五章　论建立国家的动因 132

1. 以上我们所讨论的义务和条件（conditions，*status*）已经能够确保几乎所有形式的娱乐和舒适。尽管如此，我们现在必须要探讨人类为什么不满足于最初的小型社会联合（associations，*societas*），而要建立被称为国家（states，*civitas*）的大型社会联合。因为正是从这一基础出发我们才能论证伴随政治状态（*status civilis*）而来的那些义务。

2. 在此，仅仅讲人类是被其自然属性本身拖入政治社会（societas civilis）的，如果没有它人类将不能生存这一点还不够。因为很明显，人是把其自身及自身利益放在第一位的动物。所以毫无疑问，他必然是因期待得到某些好处才自愿组成政治社会的。如果离开与其同类共同组成的社会联合（societas），人将是最可怜的动物。然而，他的自然欲求通过最原始的社会组织形式和基于人性及协议而生的义务就应该可以得到满足了。因此，我们无法从人的社会性直接推出他的本性就倾向于组成政治社会。

3. 考虑到以下事项，这一点就非常清楚了：(1)国家建立给人类带来的生活条件；(2)可以称一个人为真正的政治动物（即好公民）的条件；(3)与政治社会要求格格不入的那些显而易见的人性特征。

4.(1)为了成为一个公民,一个人要丧失他的自然自由并使自
133 己臣服于一个手握生杀大权的权威。如果有该权威的命令,即使是个体不想做的事情,他也必须去做;即使是他特别想做的事情,也不能去做。他在行为的时候必须要考虑社会利益,而这些利益往往是与个人利益相冲突的。但他天生又具有下述倾向:不想臣服于任何人;想按照自己的意愿行事;为自己的利益行事。

5.(2)真正的政治动物,即好公民,是指下述人士:自愿服从掌权者的命令;竭尽全力为公共利益服务,甘愿把自己的利益放在次要位置;将公共利益作为衡量自己利益的标准;能和其他公民和睦相处。但是,天性如此的人只是极少数。大多数人只是迫于惩罚的威胁才如此行为。仍有很多人终生都成不了政治动物,只是个坏公民。

6.(3)最后,没有哪种动物比人更残忍、更残酷、更倾向于犯破坏社会和平的滔天大罪。因为除了食欲和性欲这些兽类也受其控制的欲望之外,人还受很多兽类所没有的邪恶欲望的驱使。例如,超过自身需求的无法满足的强烈欲望;野心(最可怕的邪念);对侵犯的超强记恨,随时间流逝而逐渐增强的炽热的武力报复欲;变化多端的嗜好;坚持自己观点时的倔犟。残害同类可以给人带来极大的快感。所以,人类社会所遭受的绝大多数苦难都是人类自身造成的。

7.因此,家长们之所以愿意放弃他们的自然自由来建立国家,最真实、最主要的原因应该是他们想要建立屏障,对抗人给人带来的灾祸。正是因为除了上帝之外只有人才最能帮助自己的同伴,所以也只有人才能给同伴带来最大的伤害。下述格言的提出者对

人的邪恶以及控制手段的判断是正确的:“如果没有法庭,人们将会互相吞食。”

但是,随着国家的建立,秩序开始确立起来,相互侵害从而得以避免。自然而然的后果是人类开始从其同伴那里获得更多的利
益好处。例如,他们从孩提时候起便深受众多良好习惯的熏陶,不 134
断发现和培养各种可以使人类生活得到改善的技艺。

8.如果我们意识到其他手段都不足以控制人类的邪恶,那么国家建立的原因便变得更加清晰了。

应当承认,自然法教导人们要弃绝所有的伤害行为。但是在自然自由状态下,对自然法的尊重并不能保证生命的绝对安全。在那种状态下可能确实有人具有如此好的品质,即便有不受惩罚作为保障,他也不想伤害他人;有些人会因害怕随之而来的恶果而抑制自己的侵害欲。但是,同样也有很多这样的人:向往预期利益,把法律当做虚无的东西;对自己的实力和狡诈充满自信,认为可以借此抗拒或逃避受害者的报复。任何珍爱自己安全的人都会采取预防措施对抗这种人,而最好的预防措施就是建立国家。仅有人们之间的相互帮助承诺是不够的,除非有某种东西将他们的判断统一起来并可以严格地约束他们的意志,从而维护他们的承诺。幻想得到他人的帮助是徒劳无益的。

9.最后,尽管自然法给了人们充分的警告:侵犯他人的人终究难逃惩罚。但是,无论是上帝惩罚的威胁还是良心受到的谴责都不足以控制人的邪恶。由于教养缺陷和生活习性的原因,很多人对理性的力量漠不关心。他们只顾眼前利益,几乎不关心未来;只受眼前利益的驱动。

神的惩罚来得比较慢，这就给了邪恶之人为其所遭受的恶果寻找其他原因的机会。特别是因为从他们庸俗的眼光来看，他们靠为恶就可以过上富足的幸福生活。还有一个因素就是犯罪前的良心不安要比犯罪之后（已做之事已无法再收回了）的懊悔弱得多。所以，控制邪恶欲望的真正有效的、适合人性的措施，存在于国家之内。

第六章　论国家的内在结构 135

1. 我们接下来要讨论国家建立的方式以及将国家团结在一起的内在纽带。首先,很明显的是,个人发现其他人是比防御工事、武器和愚蠢的动物更有效的防御手段,借其可以抵御人类的堕落行为所可能施加给自己的恶。由于人的力量是有限的,所以他必须和其他人联合起来才能达到防御的目的。

2. 同样明显的是,两三个人的联合还不能提供此种安全保障。足够多的人共同谋划才可轻易战胜为数较少的人,从而可以确保胜利;并且,获得胜利和避免遭祸害的预期也可以给参加者以信心,从而努力作战。因此,为了达到安全,就必须建立起人数众多的普遍联合,这样的话,即使个别人叛逃,胜利的天平也不会向敌方倾斜。

3. 为安全的目的而达成联合的众人必须就采取何种手段达到目标形成一致意见。如果他们之间彼此矛盾,众意难平,各自离心,他们将一事无成,不管他们的人数如何之多。由于一时的激情冲动,他们也有可能达成一个临时协议,但他们很快就会分道扬镳,因为人的想法和倾向是随时变动的。尽管他们可能会根据协议承诺将其个人力量用于共同防卫,但这种手段不足以确保联合体的存续。必须进一步做出要求:一旦同意为了公共利益而保持

136 和平、互相帮助，就不允许再在个人利益（看上去）与公共利益冲突的时候反悔。

4. 有两个主要的人性缺陷妨碍着无服从关系的多个独立个人为了一个共同目的结成永久性的联合体：第一，在决定何者最有助于达到目的这一事项上，人是举棋不定的，无法决定何种选择最为有利。而一旦作出选择就会倔犟地坚持；第二，懒惰，如果没有压力迫使他停止耽搁、履行义务，人就不会为有益之事。第一个缺陷可以用全体意志的永久性联合来克服；第二个缺陷可以通过权力的设立来弥补，这些权力将直接出现在成员面前，并能够对侵犯共同利益的人施加制裁。

5. 将众多意志联合在一起的唯一方法就是使所有人都服从于一个人或一个团体：自联合的那一刻起，该人或该团体的任何与公共安全相关的意愿都将被视为是全体的意志（同时也是每个人的意志）。

6. 同样地，这种人人都畏惧的权力得以形成的条件是：每个人都将力量行使的指挥权交给了同一个人，并按照该人的决定使用自己的力量。

只有当人们结成意志和力量联合体的时候，众多的个人才变成了一个比其他任何个体都强大的共同体——国家（*civitas*）。

7. 要组成一个通常意义上的国家，需要有两重契约和一项法令（decree）。

首先，处于自然自由状态中的人们在决定组成国家的时候相互约定：要组成一个单一的、永久性的联合体，并让一个共同的领导者来负责共同的安全。换言之，他们想成为同胞。任何人都必须同意这一契约;任何不同意该契约的人将被排除在将要组建的国家之外。

8. 在这一契约签订之后,还必须有一个确定政府形式的法令。137
在这一事项确定之前,将无法有效地采取措施确保公共安全。

9. 具备了确定政府形式的法令之后,还需要第二重契约:任命一个人或一个团体,将初创国家之政府托付给他(他们)。根据这一契约,被任命的人(人们)有义务确保公共安全,而剩下的人则有义务服从被任命的人(人们)。根据这一契约,所有的人都使自己的意志屈从于被任命之人(人们)的意志;同时,还将使用公共力量组织共同防卫的权力移交给了被任命之人(人们)。只有在这一契约按时生效之时,一个完全的、正常的国家才宣告诞生。

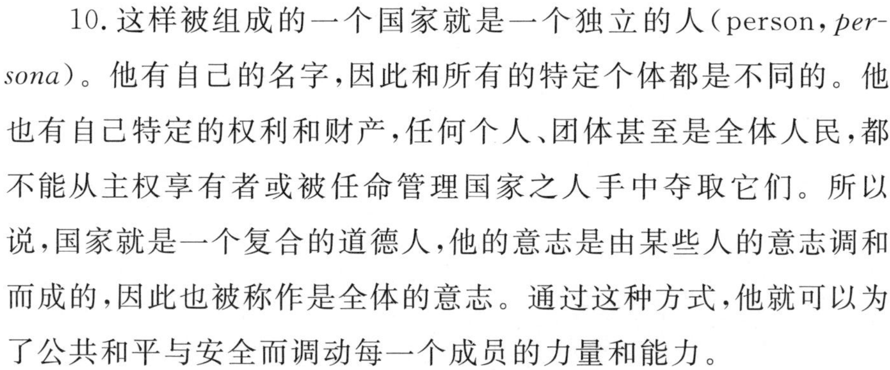

10. 这样被组成的一个国家就是一个独立的人(person, *persona*)。他有自己的名字,因此和所有的特定个体都是不同的。他也有自己特定的权利和财产,任何个人、团体甚至是全体人民,都不能从主权享有者或被任命管理国家之人手中夺取它们。所以说,国家就是一个复合的道德人,他的意志是由某些人的意志调和而成的,因此也被称作是全体的意志。通过这种方式,他就可以为了公共和平与安全而调动每一个成员的力量和能力。

11. 作为公共行为原则的国家意志是通过个人或团体表达出来的——至于是个人还是团体则要依据最高权力的授权状况而定。如果政府权力在一人之手,只要在国家目的范围之内,该人(假定他是理智的)决定的事项就是国家的意志。

12. 但是,如果政府权力被委托给了由多个保有自然意志的人组成的团体,该团体的多数成员所同意的事项通常就被视为国家的意志，除非事先已就达到多少赞同比例方可表达该团体意志做好了明确的安排。如果两种互相冲突的意见所占比例相同，就不能采取行动，待处理事项仍应保持原样。如果有几种互相冲突的意见，比其他几种获得更多支持的意见将胜出，只要同意的比例符合国家公法规定的比例就可以代表该团体的意志。

138 13. 在按前述方法构成的国家之中，政府权力的持有者被称之为君主、议员或自由人（这要根据持有者的人数而定：是一个人、几个人还是所有人）。其他的非掌权者都是臣民或公民——这里指的是广义上的公民。但是，在一种更狭隘的意义上讲，"公民"常用来指称特定的人，即通过其同意与联合缔造国家的那些人或他们的子孙，比如，那些家长。

公民身份要么是因出生取得的（native），要么是因归化取得的（naturalized）。国家缔造者及其后代的公民身份属于前者，他们是土生土长的公民。从外地移民进入特定国家定居的公民的身份就属于后者。

在一国暂居者不属于该国公民，尽管他们在居住期间要服从该国政府。他们通常被称为"外国人"或"居民"。

14. 关于国家起源的该种论述并不意味着政治权威（*imperium civile*）不属于上帝。虽然上帝希望所有的人都遵从自然法，但是，由于种族的多样性，令人厌恶的生活方式流行起来，自然法几乎完全被抛弃了。是国家的建立促进了自然法的实施。决定目标的人也就有权决定实现目标的必要手段。因此，上帝通过理性早已给了人们先天的命令：如果人类已经繁衍众多，就建立国家，从而通过主权（sovereign power）来维持社会生活。上帝在《圣经》之中也表示了对该种秩序的赞赏，并明确表示要通过特定的律法维持该秩序。这就证明了上帝对国家秩序的特殊关注。

139 第七章 论主权[①]的职责

1. 主权(sovereign power,*summi imperii*)的职责以及其在国家中的行使方式都可以清楚地从国家的性质和目的中推断出来。

2. 在一个国家之内,所有的人都使自己的意志服从于那些掌握国家安全大权之人的意志。所以,人们愿意做统治者希望做的任何事。要使这一点成为可能,那些掌权者必须在此类事项上向公民表明自己的意志。他们既可以就特定事项向公民发布指示,也可以颁布一般规则,从而明确何者当为何者不当为。这也是下列事项得以确定的常用手段:何为自己的财产何为他人的财产;在该国之内,何为合法何为非法;何为好何为坏;何为个人的自然自由,即如何协调个人权利行使与国家安宁的关系;个人依据其权利可以向他人提出什么要求,以及以何种方式提出。明确界定这些事项对国家的尊严与安宁是至关重要的。

3. 国家的首要目的是:通过相互合作与帮助,使人们免遭损失与伤害(这些都是他们可能经常会互相施加的东西)。要想从那些
140 我们与之共同组成一个社会的人那里获得这种安全,仅仅靠彼此

---

① [*De partibus summi imperii*]。"*Imperium*"根据上下文,译为"权力"(power)或"权威"(authority)。

之间达成的互不侵犯协议是不够的，向公民公布统治者赤裸裸的意志也无济于事。还必须要以惩罚相威胁，并要拥有立即实施的能力。为达到其目的，刑罚裁决必须要精确，以使人明确，违反法律得比遵守法律付出更多的代价；惩罚的严厉性必须要超过因违法行为所获得的或期望获得的快乐和利益。因为人们往往会两害相权取其轻。虽然确实有些人并没有因为惩罚的威胁而停止犯罪，但这毕竟只是例外——人的本性使得我们不可能清除所有例外。

4. 人们常常会就如何针对特定事实正确适用法律产生争议。如果某些特定事实被毫无证据地宣称为非法，不管这一裁决是何时做出的，它的很多论点都值得进一步仔细权衡、斟酌。所以，为了在公民之间维持和平，统治权应具有以下职责：对公民之间的纠纷进行管辖并做出裁决；对被谴责为非法的个人行为进行调查；根据法律宣告判决并执行刑罚。

5. 为了对付外来侵略者，确保本国公民的安全，统治权的职责是：在充分考虑敌人的不可确定的人数和力量的前提下，组织、团结、武装或者雇用为共同防御所必需的尽可能多的人；在合适的时候，创造和平。联盟在战争时期与和平时期都是有用的，它既可以整合不同国家的资源，又可以联合力量击退强大的敌人或与之和解。所以，主权者有权缔结这两种形式的联盟，并可要求他的臣民予以服从，与此同时将他们从联盟获得的利益全部奉献给国家。

6. 一个大国的事务，无论是在战争状态还是在和平状态，都不可能由一个人在没有行政官员与法官帮助的情况下进行处理。因此，主权者需要任命一些人代表自己从事下列事务：调查公民之间的纠纷；收集邻国的情报；指挥军队；征收和分配国家资源；概言之，照看国家方方面面的利益。主权者可以并且应该强迫这些官员各司其职，向他汇报情况。

7. 无论在战争时期还是在和平时期，国家的运行都离不开经费开支。所以，统治者有权利强迫公民支付这些费用。支付的方
141 式有很多种。例如，公民可以为此目的而将他们定居地上的财物或出产物的一部分预留出来；公民个人可以贡献自己的财产，也可以在需要的时候提供劳务；或者是对进出口物品施加关税义务(其中前者更多地是对公民施加的一种负担，后者更多地是对外国人施加的)；或者是将消费品价格的适当部分扣除。

8. 最后，每个人都是通过自己的意志管理自己的行为。但是，绝大部分人通常是根据自己的习惯和流行的观点判断事物。很少有人能够凭自己的智力分辨出真和善。所以，对于一个国家而言，以下做法是明智的：广泛宣传与真正的国家目的、习俗相一致的理论，并让公民的心灵自幼就浸淫其中。因此，统治者的职责就是任命讲授此种学说的教师。

9. 主权的这些职责是天然地交织在一起的，所以，所有这些职责都应当置于同一个人的排他性控制之下。如果其中的任何一个职责在事实上丧失了，那么政府就是有缺陷的，也是不适合实现国家目的的。如果它们被分割开来，某些职责在这个人的排他性控制之下，剩下的职责则在另外一些人的控制之下，那么就必然会产生易于瓦解崩溃的不正常政体。

第八章　论政体 142

1. 政体（forms of government，*respublica*）的不同是由主权归属决定的：主权是属于一个人，还是属于一个由某些人或全体人民组成的团体。

2. 某个国家的政体可能是正常的也可能是不正常的。如果主权集中在一个主体手中、只存在一个单一的意志，既未被分割又未被削弱地及于国家的所有部分和所有事务，那么这种政体就是正常的。如果这一切得不到满足，政体就是不正常的。

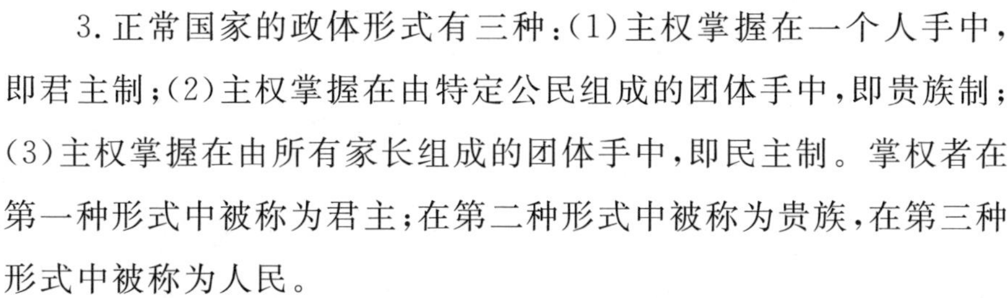

3. 正常国家的政体形式有三种：(1)主权掌握在一个人手中，即君主制；(2)主权掌握在由特定公民组成的团体手中，即贵族制；(3)主权掌握在由所有家长组成的团体手中，即民主制。掌权者在第一种形式中被称为君主；在第二种形式中被称为贵族，在第三种形式中被称为人民。

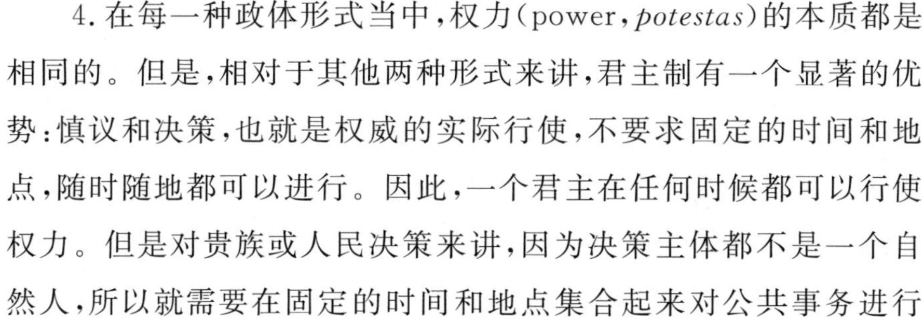

4. 在每一种政体形式当中，权力（power，*potestas*）的本质都是相同的。但是，相对于其他两种形式来讲，君主制有一个显著的优势：慎议和决策，也就是权威的实际行使，不要求固定的时间和地点，随时随地都可以进行。因此，一个君主在任何时候都可以行使权力。但是对贵族或人民决策来讲，因为决策主体都不是一个自然人，所以就需要在固定的时间和地点集合起来对公共事务进行商议决策。这是表达议会和人民意志的唯一方法,因为它来源于多数人的同意。

143 5. 但是,和其他权利一样,主权也有可能在某些情况下行使得好,在某些情况下却行使得很糟糕、很鲁莽。所以,有些国家被认为是健康的,有些国家却被认为是病态的、腐败的。但是我们没必要创造特别的政体形式来囊括这些弊病。国家的这些弊病有些在于人本身,有些则在于制度本身,因此有些被称为个性缺陷,有些被称为体制缺陷。

6. 君主制中可能的个性缺陷有以下几种:占有王座的君主毫无统治艺术,对国家缺乏责任感,任其被邪恶官员的野心或贪婪所毁掉;用残酷和暴行对臣民实行恐怖统治;即使毫无必要,也乐于使国家陷入困境;征收满足国家开支的财富而挥霍于奢华或毫无意义的慷慨;毫无理由地敲诈公民以聚敛财富;傲慢无礼且毫不公正;可以给其带来暴君名声的其他恶劣行径。

7. 贵族制中可能的个性缺陷有以下几种:不诚实的或无能的人通过贿赂或欺骗手段排挤比他们强的人从而进入议会;贵族内讧分裂;将普通民众视为奴隶并盗用公共财产充实其私人财富。

8. 民主制中可能的个性缺陷有以下几种:无能者和麻烦制造者习惯于用粗鲁暴力的手段来支持其观点;对国家毫无威胁的杰出人士遭到镇压;轻率地制定和撤销法律,头一天做出的决议隔天便被无故否决;让低能和无能的人来主管事务。

9. 任何形式的政体都可能出现的人性缺陷有以下几种:负责管理政府的人漫不经心或糟糕地履行其职责;以服从法律为天职的公民却拒绝接受法律的约束。

10. 体制缺陷有以下几种：国家的法律或惯例与其民族性格或地域特征不符；体制诱导公民结成利益集团或挑起邻里间的仇恨争端；体制使公民不能履行为保卫国家所必需的职责，例如，在国家法律的影响下人民不可避免地变得懒散失去斗志，或不再适合安享太平；基本法制定得如此糟糕，以至于公共事务的解决迟缓而艰难。

11. 人们常常用特定的名称来指代这些病态的政府：一个不正 144
常的君主政府被称为专制；一个不正常的少数人政府被称为寡头政治；一个不正常的民众政府被称为暴民政治。但有时候人们使用这些术语与其说是为了描述政体的弊端，还不如说是为了表达他们对当下政府形式或其统治者的支持或反对。因为君主或君主制的反对者甚至会将合法的明君称为暴君或专制君主。如果该君主严格执法，情况则更是如此。同样地，那些自认为一点也不比议员差的人，因其被排除在议会之外而愤愤不平，心怀鄙视或嫉妒，从而将议员们称为“寡头执政团”(*oligous*)。它的意思是指一群德行不比其他人好的人本着一种高傲轻蔑的态度对与其同等甚或是优于他们的人行使权力。

最后，当那些憎恨大众平等、妄自尊大的人看到民主政府中每个人都对公共问题行使表决权时，他便将其称之为暴民政治，因为在任何国家中大多数人都是庶民。他们用“暴民政治”来指代这种政治制度：一群毫无价值的乌合之众掌握执政权，没将任何特权留给那些杰出人士(批评者自诩为这种人)。

12. 不正常政体是指这样一种政体：我们在其中找不到作为完全成熟国家之本质的统一性，但这不是由于国家管理上的弊病或过失，而是由于公法或习惯已将政体的不正常性正当化了。偏离正道的方法有无数种，政体的不正常形式亦是如此，我们无法列出其明确的种类。但是，我们却可以通过一两个实例清晰地理解不正常政体的本质。例如，下列政体都是不正常的：议会和人民双方都对公共事务之处理享有最终决定权，任何一方都不对另一方负责；主要官员的权力是如此之大以至于他们不再是国王的臣民而成了他的不对等的同盟者。

13.如果两个或两个以上的完全国家被某些特殊的纽带联系在了一起，以至于可以将他们的联合性力量视为一个国家的力量，我们就可以称它们为"国家组织"(a system of states)。国家组织的形成主要有两种途径：(1)拥立一个共同的君主；(2)结盟。

145 14.(1)一个依靠共同君主而形成的国家组织是这样出现的：几个互相独立的国家通过协议、联姻、继承或征服等拥有了一个共同的君主，但它们并没有合并成为一个国家，而是由共同的君主按照各自的基本法律进行治理。

15.(2)第二种国家组织是这样出现的：几个相邻的国家通过永久性联盟联合起来，他们声明放弃行使部分国家主权(特别是涉及外部防御的那部分权力)，非经全体国家同意不予行使；但除此之外，每个国家的自由和独立仍然是完好无损的。

第九章　论政治权威的特征[①] 146

1. 统治整个国家(*civitas*)的政治权威(*imperium*),不管其政府的组织形式如何,都具有至上的特性。也就是说,它的行使不依赖于一个权威者;它通过自己的意志和判断行事;任何人都不可以凭借权威宣告它的行为无效。

2. 正因为如此,这种意义上的权威具有不可问责性(*an hupeunthunos*),即是说,它不对任何人负责。这里的负责意指:如果被问责人给不出一个满意的答复,那么,出于这个原因,他就要受到来自于问责者和权威者的不利或惩罚。

3. 与之相一致的是,主权权威(*summum imperium*)高于人类法,不受它们的直接约束。因为这些法律的创制与维系要依赖于主权权威,所以它就不可能受制于自身,因为要是这样的话,同一种权力就会高于自身。然而,当主权者通过法律强使公民为特定事务之时(其范围也同样扩展到它自身),主权者服从自己的自由意志就是恰当的,这也会加强法律的权威。

4. 最后,主权本身也具有特殊的神圣性。因此,公民不服从主权者的合法命令是不道德的。此外,公民还必须忍受它的残酷行

① [*imperium civile*].

为，就像好孩子必须忍受他们父母的坏脾气那样。即使它的最残
147 暴的伤害威胁到了他们，他们也只能用逃跑或忍受伤害的方式保护自己，而不能拔剑反对国家掌权者(不管他是多么的残暴)。

5. 在君主制和贵族制中，主权权威是绝对的；在其他政体中，君主的权力则受到限制。

绝对权力由君主掌握，他不是按照既定的、长存的规则，而是按照自己的判断行使权力。他可以根据具体情形的需要运用自己的判断保护自己国家的安全。

6. 但是，个人的判断很容易失误，个人意志也可能倾向于邪恶，在个人享有充分自由的时候更是如此。所以有些人认为，为了谨慎起见，应当用确定的措施限制权威的行使。比如在授予王权的时候就用确定的法律约束君主，使其在某些事项上服从于法律；如果出现重大危机(这是不可能事先予以确定的)，只能根据先前的知识以及人们及其在议会中的代表的同意来处理。这样的话，君主的行动背离王国安全的可能性就会更小。

7. 在各王国之间，君主执掌君权的方式是有差异的，并不存在一个统一的模式。对某些国王来讲，王国就是他们的世袭财产，因此他们可以随意地将其分割、抛弃或转让给别人。靠武力取得王国，让自己的人民为自己服务的国王所享有的就是这种权力。但是对那些应人民的自由邀请做国王的人来讲，虽然他们享有行使国家权力的最高权力，但是却不会随意地将王国分割、抛弃或转让给别人。在将王国移交给其继承人的时候，国王有义务遵守基本法或民族的既有习惯。正因为如此，有些人在特定的方面将其比做用益物权。

第十章　论获得权威尤其是君主权威的方式 148

1. 合法政府的建立必须要得到臣民的同意，但是这种同意的获取方式并不总是相同。有时候人们被军事力量强迫同意征服者的统治；有时候公民以默许的方式一致同意他们的君主进行统治。

2. 征服（conquest，*occupatio*）通常是指通过军事力量获得权威：某人基于正当的理由发动战争，并靠武力和运气赢得了胜利，从而迫使某个民族从此之后服从他的权威。他的权力的合法性部分来源于下述事实：如果作为胜利者的他想要行使残酷的战争权的话，他可以轻而易举地剥夺战败者的生命。这样，通过使战败者们免遭死亡厄运，他也赢得了一个仁慈的名誉。征服者权力的合法性还来源于这样一个事实：他的敌人之前对他进行了侵害，并拒绝给予合理的赔偿，进而挑起战争，打算通过战争这一赌场决定自己的命运。因此，其敌人已经默认，无论战争会给自己带来什么，他都要接受。

3. 君主权是通过人民的自愿同意获得的：某个民族（正在形成中的或已经形成的）举行选举，自由地任命一个在他们看来适合掌权的人。人们的决定（*decretum*）被提交了给他；他表示接受；人们承诺服从他。于是权力就授予给君主了。

149 4. 在一个既存国家，自前任君主死亡至选举启动，中间通常会出现一段统治者空位期。在这期间，国家又退回到了一种不完全状态，仅靠第一重契约将公民团结在一起。但是由于以下因素，国家仍维持着较高程度的稳定性：公民们对他们共同的国家及其国名的热爱；绝大部分公民的财产都在国内。这些因素迫使好公民自愿维持彼此之间的和平，并尽全力尽快建立一个完整的政府。如果就王位空缺期临时政府中心这一问题存在一个事先的安排，那么在此期间可能出现的麻烦在很大程度上是可以避免的。

5. 在有些地方，当君主死亡时会启动一次新的选举。但在其他一些地方，王权的转移是通过继承来实现的，不需要选举。继承权要么是通过君主的意志获得的，要么是通过公民的意志获得的。

6. 如果君主的君权是一种世袭财产，那么他们就可以按照自己的意志安排王位继承。这种安排就像个人遗嘱一样应当得到尊重；如果是君主自己建立的国家，就更应如此。在这种情况下，如果他愿意，他可以将他的王国分给他的孩子们（不排除女儿们）。他还可能选择其他人做自己的继承人，比如，养子或私生子，甚或是和他没有一点血缘关系的人。

7. 但是如果此类君主没有对继承事项作出特别的安排，那么通常应做这样的假设：他当然不希望王权随自己一起消逝。从人类共有的感情来看，无论如何他都想把王权留给他自己的孩子。此外，他所认可的君主政府形式在他死后也应当被保存下来。王权应保持完整，因为分割就意味着王国与王室的分裂。就同一顺位继承人来讲，男性优先于女性、先出生的优先于后出生的。最后，如果君主没有孩子，王权应传给与其血缘关系最近的人。

8. 但是，对于由一民族的自由意志形成的王权来讲，其继承顺序在根本上也是由同一民族的人民的意志决定的。如果该民族把任命继承人的权利连同君主权威一起委托给了君主，那么国王任 150
命的人就是继承人。如果该民族没有如此授权，那么它就自己保留了该权利。如果该民族乐意将王权（连同继承权一起）授给选出来的国王，这要么就确立了和普通继承相类似的继承顺序（只要该顺序不损害王国利益），要么就对继承顺序以某种特别的方式施加了限制。

9. 如果某民族给君主的概括授权中包括继承权，并且没有添加特殊的限制条件，那么就表明它同意王权继承可以按照与私人财产继承相同的顺位继承（尽管会有些许改动）。为了国家安全的需要，王权继承在以下几点上应当与私人继承有所不同：(1)王权不能被分割；(2)只有首位君主的子孙后代才享有继承权；(3)私生子或养子不享有继承权，只有那些依据国家法律出生的孩子才有继承权；(4)如果继承顺位相同，男性要比女性享有优先权，即使女性年长于男性也是如此；(5)继承者要承认他的王权是来自于人民的授权，而不是他的先人。

10. 很多民族都是采用直系继承。因为如果（候选）继承人与皇室家族创立者已隔了很多代的话，他们会很容易就哪一个皇室成员与被继承人关系最近产生不可调和的矛盾。直系继承是这样构成的：从王国创建者开始，为每一个王室家庭成员确立一个垂直的后代分支体系；按照分支的亲疏远近来确定王位继承人。只要长支有后代活下来，各分支彼此之间就不能有交叉。即使其他分支有某些人和被继承者的血缘关系比长支君主继承人和被继承人的血缘关系近，他们也没有继承权。

11. 最常见的直系继承有同族(cognate)继承和父系(agnate)继承。在同族继承中，女性也有继承权，只是她们的继承权排在同一分支男性继承人之后。因此，如果没有前一顺位的或同一顺位的男性继承人，那么就由女性来继承。而父系继承则将女性甚至是女性所生的男性孩子永远地排除在外。

12. 在一个世袭王国之内，如果就继承问题产生了争议，最好是将其交给皇室家族成员来裁决。如果继承是由人民意志决定的，那么继承的不确定性将会通过人民公告来消除。

第十一章　论主权者的义务 151

1. 管理主权公职的律令可以从国家的性质和目的、主权的职责推断出来。

2. 首要的要求是，掌权者必须刻苦学习与其职位相关的所有知识。没有人可以很好地处理自己不了解的事务。因此，君主必须抛弃所有与其职位不相关的追求。消遣、娱乐和无益的休息，只要它们与该目标相违背，就必须被去掉。他应当结识精于处理实际事务的智者；远离宫廷谄媚者、小人以及不学无术的人。

为了正确地践行一般性的善政原则，君主必须掌握与自己的王位、臣属民族的特性相关的渊博知识。他还必须培养大规模治理所必需的德性，并使自己的生活方式与其尊崇的地位相一致。

3. 主权者应当遵循的一般规则是：人民的安全是最高的法律。因为权威已被授予，以实现国家建立所要达到的目的，所以君主们必须树立这样的信念：除了国家利益之外，他们自己没有任何私利。

4. 国内和平要求按照国家安全的需要管制和引导公民的意
志。因此，主权者的义务：不仅是要制定有利于实现该目的的法 152
律，而且要赋予公共习俗以权威。这样就可以使公民主要是基于习惯而非对惩罚的恐惧而遵守法律。确保纯洁而虔诚的基督教理论在国家中的繁荣发展、公共学校对符合国家目的的信条的教授都有助于实现国内和平。

5. 将与公民交往有关的法律予以明白、清晰地公布也有助于促进国内和平的实现。但是，市民法的管制应当仅以国家利益和公共利益的需要为限。人们通常是根据自然理性而非法律知识来确定何者当为何者不当为。所以，如果法律多得超过了人们的记忆能力，并且理性本身并不禁止的事情法律也施加了禁令，那么人们就会在没有邪恶动机的情况下违反法律。这样，掌权者就给公民带来了不必要的麻烦，这与国家的目的是不相符合的。

6. 如果主权者允许违反法律可以不受惩罚，那么法律的制定就是毫无意义的。因此，主权者有义务促进法律的实施，清除过分迟延、法律规避和骚扰，确保每个人的权利都可以得到实现。他们还必须对侵犯者的侵害行为和主观恶意、动机施加恰当的惩罚。如果没有好的理由，主权者不应赦免罪犯；在其他条件相同的情况下，对相同的罪行给予不同的对待是不公平的。

7. 就像非因公共利益不得施加刑罚一样，刑罚的轻重也应当根据公共利益确定。据此衡量，公民所遭受的不利就不会超出国家的所获。此外，如果要达到惩罚目标，就必须如此设计刑罚：它们所施加的痛苦明显地超过违法行为所带来的利益和快乐。

8. 人们联合起来组成国家是要防范他人的侵犯，确保安全。正是因为持续居住在一起也给了人们更多的互相侵害的机会，因此，主权者有义务严防人们彼此之间的侵害行为。阶层和尊贵等级划分不应严重到允许更有权势的阶层任意践踏卑微阶层。允许公民用私人暴力报复针对自己的罪行（他们自己认为的）也是与政府目的不相符的。

9.一位君主不可能亲自直接处理一个大国的所有事务。因 153
此，他必然会请大臣们分担他的职责。因为他们的权力都来自于主权者（君主），所以他们的行为无论好坏，产生的责任最终都要归于君主。而事务处理的好坏却要依赖于大臣们的能力。因此基于以上两个原因，主权者有义务雇佣诚实、能干的人从事国家公职，并时刻监督他们的行为，依据他们的事务处理行为进行赏罚。这样就可以使其他人认识到：应当像对待私人事务那样，付出同样的诚实与勤勉对待公共事务。同样地，逃避惩罚的可能性常常诱惑着人们去犯罪。如果法官非常容易腐败，那么逃脱惩罚的希望就更大。所以，主权者有义务对此类邪恶的法官施加严厉的惩罚，因为他们鼓励破坏公民安全的犯罪。最后，尽管应当让大臣们处理国家事务，主权者也绝对不能够拒绝倾听公民们的抱怨和诉求。

10.公民承担赋税和其他负担的唯一依据是这些负担对于满足国家战争时期与和平时期的开支来讲是必不可少的。因此，在这一事务上，主权者有义务不在国家基本需求和国家重大利益需要之外汲取更多的东西，将负担维持在一个尽可能轻的水平上，这样，公民的损失就会降到最低。主权者应当尽可能公平、合理地确定税收，不应当以剥夺、榨取某部分公民为代价来豁免其他公民。应当将国家的税赋用在国家需求上，切忌在奢侈、排场、不必要的炫耀或显摆上浪费钱财。最后，开支应和收入相称，如果收入减少，必须想办法节约或减少不必要的支出。

11.主权者并没有赡养公民的义务。尽管作为例外，同情心要求他们采取特殊的措施照顾那些因遭受无辜之灾而无法自立的

人。但不管怎样，主权者们都不能只想着为了保护国家而从公民
手中敛财。因为公民的德性和财富同样是国家力量的组成部分，
154 所以主权者必须采取一切措施促进公民个人财富的增加。朝该目
标迈进的一个可行措施就是培养公民耕地养鱼获取丰收的观念；教导公民应当在自己国家的自然资源之上辛勤劳动，自己能够做得好的事情就不要花钱雇用他人。为做到这一点，主权者应当鼓励技艺。促进贸易、在沿海地区鼓励航海也是至为重要的。应当消除懒惰，并用禁止过度消费（特别是将公民财产转移到国外）的禁治产法使公民重新养成节约的习惯。在这一问题上，主权者树立的榜样要比任何法律都有效。

12. 国家的内在健康和稳定来源于公民的团结。公民越团结，政府力量在整个国家之内的影响就会越大。因此，主权者有义务阻止党派的出现；有义务阻止公民通过私人协议结社；有义务不让全部或部分公民对其他人（不管是本国人还是外国人）产生比对君主还大的依赖，不管这种依赖是在何种名义（神圣的或世俗的）之下建立起来的；有义务让臣民感觉到来自于主权者的保护要比来自于其他人的保护都多。

13. 最后，国家间的关系就是一种不稳定的和平关系。因此，主权者有义务采取措施发展公民的战争品德和武器使用技术，在和平时期就做好抵抗武力侵犯的准备：防御设施、武器、士兵和金钱（采取行动的关键性要素）。但是，即使有发动战争的正当理由，主权者也不应当首先发动侵略，除非有绝对的胜算并且该国能够轻松地承受战争。为了达到同一目的，主权者还必须获得关于邻国的计划和措施的准确情报，并在结盟时倍加谨慎。

第十二章　论特殊性的市民法 155

1. 接下来要考察的仍然是主权的特殊功能和显著特征。本节主要探讨市民法(civil laws)。市民法是最高政治权威的法令,它规定公民在社会生活中何者当为何者不当为。

2. 在修饰法律之时,“civil”一词主要有两种意义:一是指称法律的权威性;二是指称法律的渊源。从前一种意义上讲,所有可以在法庭上作为裁判依据的法律都可以被称作市民(civil)法,不管它们来源于何处。从后一种意义上讲,那些涉及自然法和神法未定事项的,出于主权者意志、调整与公民个体性私权益密切相关之事项的法律就是市民法。

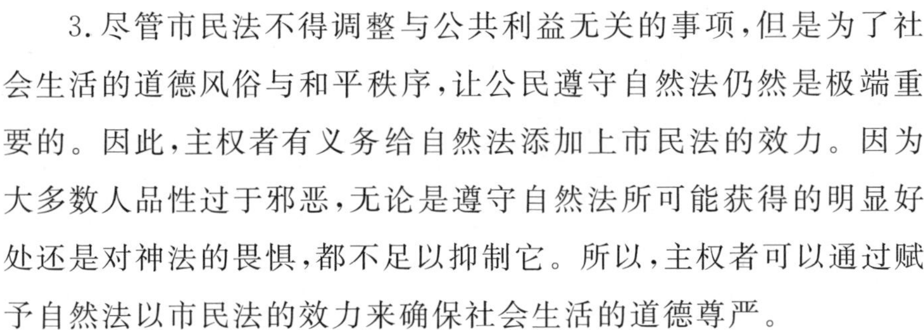

3. 尽管市民法不得调整与公共利益无关的事项,但是为了社会生活的道德风俗与和平秩序,让公民遵守自然法仍然是极端重要的。因此,主权者有义务给自然法添加上市民法的效力。因为大多数人品性过于邪恶,无论是遵守自然法所可能获得的明显好处还是对神法的畏惧,都不足以抑制它。所以,主权者可以通过赋予自然法以市民法的效力来确保社会生活的道德尊严。

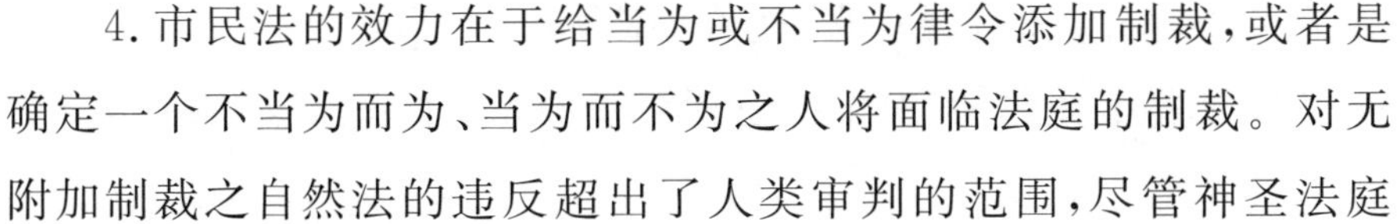

4. 市民法的效力在于给当为或不当为律令添加制裁,或者是确定一个不当为而为、当为而不为之人将面临法庭的制裁。对无附加制裁之自然法的违反超出了人类审判的范围,尽管神圣法庭 156

仍将对其作出惩罚。

5. 社会生活太脆弱了，不可能允许每个人都以极端的自力救济的方式来满足自己。所以市民法就通过提供救济手段的方式来促进自然法义务的履行。这些手段使得人们可以在法官的帮助下得到满足。得不到市民法强制力支持的权益是不可能从拒不交付之人手中夺得的，只能完全依靠违法者基于良心的施舍。

一般而言，市民法主要是为由合同明示条款所引致的义务提供救济手段。它们一般不为从不明确的自然法义务所引申出的其他义务提供救济。这样做是要为好人行善留下空间，使他们可以通过众皆可见的自觉行善赢得公众的嘉许。并且，常常是由于这些事情太琐碎了，以至于不好麻烦法官审理它们。

6. 很多自然法律令是不明晰的，所以它们的适用也就留给了个人判断。为了社会生活的道德风俗与和平秩序，市民法通常会规定法律适用的时间、方式、地点和主体，确定其他相关要件，有时还会提供奖赏以诱导人们服从。市民法还具有澄清自然法的模糊规定的功能。公民有义务遵守这些规定，尽管他们的个人观点可能与其有很大差异。

7. 此外，依据自然法，个人在国家之中的很多行为都是可以自己判断和决定的。但是，为了公共和平与道德风俗，这些行为必须要受到统一的规范。所以，市民法通常会为此类行为与交易——遗嘱、合同等等——规定固定的形式。基于同一原因，市民法往往会给自然所允许的权利的行使施加限制。

8. 只要市民法不是公然地违背神法，公民就应当服从它们。这不只是出于对惩罚的恐惧，而是由于自然法所规定的内在义务。

服从合法的统治者是一项自然法义务。

9. 最后，公民应当像服从普遍法* 那样服从统治者特殊的命令。这就存在一个问题：是统治者的命令变成了公民自己的行为，还是主权者只是让公民执行，该行为仍被视为是主权者自己的行 157
为？因为在后一种情况下，如果统治者委任的是恶行，被迫做出该行为的公民自己是没有错误的。而公民无论如何都不能以自己的名义违背自然法和神法。所以，即使公民在主权者的命令下参加了非正义战争，他也是无罪的。但如果公民在主权者的命令下惩处无辜、做伪证或提起恶意控诉，他就毋庸置疑地犯罪了。因为公民参战是以集体名义进行的，做法官、证人和起诉者却是以个人名义。

* 即自然法和神法。——译者注

158 第十三章　论生死惩戒权

1. 主权者对公民的生命享有两类权利：直接性的惩罚犯罪的权利；间接性的保卫国家的权利。

2. 针对外敌的武力入侵，我们常常需以武力对之。在主张权利之时，我们也需要使用暴力。无论在哪一种情况之下，主权当局都可以强迫公民服兵役。这不是有意送他们去死，只是将他们暴露在死亡的威胁之下。国家有义务训练他们，使他们有体力和能力去面对挑战。公民不能因害怕危险而使自己不适合于服兵役。一旦参军，无论在何种情况下，他都不能因害怕而离职，只能奋战至最后一息。但以下情形例外：他确信放弃职责保存生命是其长官的意志；对国家来讲，待坚守的岗位不如坚守该岗位的公民的生命重要。

3. 如果直接行使权力，主权者可以因极端的罪行而剥夺公民的生命，以示惩罚（尽管惩罚也会剥夺一个人的其他财产）。基于这一点，有必要对惩罚的性质做些一般性的说明。

4. 惩罚是一种恶果，它是为了报复被惩罚者所做出的恶而施加的。换言之，它是国家基于已发生的罪行而强制性施加的痛苦性不利。

159 (1)因此，尽管劳役刑很流行，但这些劳役通常很累、很辛苦，以此给服役者带来痛苦。

(2)惩罚的施加是违背服刑者的意志的,否则就达不到其目标:通过其严厉性来阻吓人们违法。人们愉快地予以接受的东西没有这种效果。

(3)战争或打架自卫时造成的伤害不是惩罚,因为它们不是由国家施加的。

(4)不公正的对待也不能算惩罚,因为它不是针对已发生的罪行做出的。

5. 在自然自由状态中,除了上帝之外,人之上没有其他的权威,所以人只对神的惩罚负责。与之相反的是,在政府建立之后,社会安全要求统治者也享有惩处邪恶、打击犯罪的权力,以此保证人与人和平相处。

6. 尽管让为恶者遭受惩罚看上去没有什么明显的不公之处,在施加惩罚之时人们仍然应当注意,不应只考虑已做出的恶,还应当考虑惩罚有什么益处。例如,不能以满足受害者的快感(希望看到侵犯他的人痛苦)为目的来施加惩罚。因为很明显,这种报复感是不人道的,也不符合社会性的要求。

7. 人类惩罚的真正目的是要防止攻击和侵害。如果罪犯改造好了,或者其他人吸取了教训不再预谋犯罪,或者罪犯得到了控制,不能够再犯罪,那么这一目的就达到了。因此可以这么表述惩罚的目的:惩罚或者是为了罪犯的利益,或者是为了潜在犯罪人的利益,或者是为了受害人的利益,或者是为了不特定多数人的利益。

8. 惩罚首先是为了犯罪者的利益。通过痛苦的惩罚,罪犯的性情得到了矫正,他的犯罪欲望也就被消除掉了。即使是在国家之中，此类惩罚通常也是交由家长实施，以惩戒其家庭成员。从其目的出发，死刑不在此种惩罚之列，因为死人不可以被改造。

160 9.其次，惩罚也照顾被害者的利益，使其不再遭受同一侵害者或其他人的侵害。前一目标是通过下列方法实现的：消灭侵害者；剥夺侵害者伤害他人的能力但却保留其生命；通过惩罚教育侵害者悔改。后一目标是通过威慑其他人的公开行刑来实现的。

10.最后，惩罚以所有人的利益为目的体现在：它是要阻止侵害他人者继续伤害别人，或者是要通过对犯罪人的惩罚阻吓其他人犯罪。实现这一目的的方法和实现前述目的的方法是相同的。

11.如果反思一下惩罚的目的和人类的自然本性，我们就会发现并不是所有的罪行都适合于接受人类审判的惩罚。下述事项就不属于人类惩罚的对象：

(1)纯粹的内心行为，比如邪恶、贪婪、欲望等没付诸行为的动机(尽管可能后来的招供将它们坦白了出来)。因为这种内在的动机没有给任何人带来伤害；惩罚内心的行为也没有任何益处。

12.(2)惩罚细微的过失是极端残酷的。在正常情况下，无论一个人多么谨慎，都难免犯类似的错误。

13.(3)有时，为了公共和平或其他原因，人类法律会对很多行为不予调整。比如，如果没有惩罚干扰会产生更大益处的行为；事件太小，不值得麻烦法官；案件过于抽象，不可能做出清楚的判决；某种恶习是如此地根深蒂固，以至于如果不动摇国本就不可能除掉它。

14.(4)最后，我们还必须将从人的堕落本性而生的性格缺陷从人类惩罚中排除出去。它们的存在太普遍了，以至于如果选择用严厉的刑罚对待它们的话，将不会剩下一个执法者。因此，只要未演化成严重的犯罪，就不要惩罚人的下列弱点：野心、贪婪、不人 161
道、忘恩负义、伪善、嫉妒、傲慢、愤怒、仇恨等等。

15. 然而，即使是应受惩罚的罪行，也不必然要对其施加刑罚。事实上，我们常常赦免犯罪人。但是，这样做应当具备很好的理由，比如：在特定的情形下，惩罚的目的是不恰当的；赦免将会产生比刑罚更好的效果；刑罚的目的可以通过其他途径得到实现。类似的理由还有：违法者自己或者其亲属愿向国家做出特殊的贡献；或者他因具有过人之处（比如掌握很稀缺的技能）而备受欢迎；或者他有可能通过杰出的成就来改过自新；虽不是完全无辜，但是该罪行在很大程度上是由疏忽引起的；或者某法条特定的立法目的不适用于待裁决的行为。如果违法者为数众多，对他们施加惩罚将会耗光国家的所有资源，那么允许赦免常常就是必需的选择。

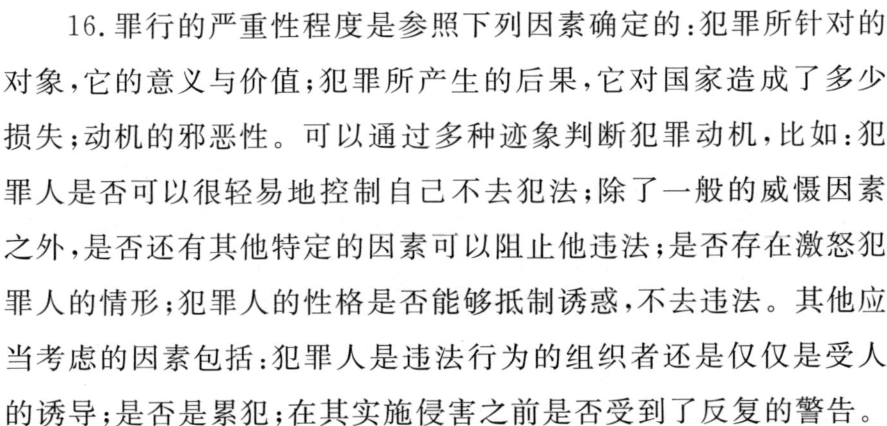

16. 罪行的严重性程度是参照下列因素确定的：犯罪所针对的对象，它的意义与价值；犯罪所产生的后果，它对国家造成了多少损失；动机的邪恶性。可以通过多种迹象判断犯罪动机，比如：犯罪人是否可以很轻易地控制自己不去犯法；除了一般的威慑因素之外，是否还有其他特定的因素可以阻止他违法；是否存在激怒犯罪人的情形；犯罪人的性格是否能够抵制诱惑，不去违法。其他应当考虑的因素包括：犯罪人是违法行为的组织者还是仅仅是受人的诱导；是否是累犯；在其实施侵害之前是否受到了反复的警告。

17. 在个案中，惩罚的种类和轻重要由最高政治当局依据国家利益来确定。因此，对不同的犯罪施加相同的刑罚是可能的，这种情况也确实存在。这并不违反平等原则，因为法官应当遵循的平

等原则是要求法官平等对待触犯同类罪行的被告，以保证只要惩
162 罚了其中的一个，如果没有很好的理由就不会宽恕其他人。尽管人们应当尽量地对其同胞仁慈，但国家安宁与公共安全常常要求刑罚应当更加严厉。比如，需要用重刑抑制犯罪增长；有些犯罪对国家的威胁特别大。在量刑过程中，我们应一直坚持的理念是：刑罚应当能够抑制驱使人犯罪的激情。所施加的刑罚不应当重于法律的规定，除非社会环境恶化，犯罪激增。

18. 但是，同样的刑罚给人带来的影响是不同的，因此也就不会起到相同的抑制犯罪欲望的作用。因此，在一般性的刑罚制定和具体量刑过程中，必须要考虑实际犯罪人和他的人格特质，比如年龄、性别、地位、财富、力量等，这些特质可能会增强或减弱刑罚效果。

19. 在人类审判中，不能让个人因他人的罪行受罚。所以，如果某个团体犯了罪，不同意该行为的成员就不应对该犯罪负责。因此，如果该成员没有同意犯罪，他只需交出以团体名义或为团体利益而获得的财物即可（尽管该无辜成员因团体受罚也遭受了损失）。如果共谋合作犯罪的成员都死光了，那么公共团体的罪行也就消灭了。

20. 某人的罪行常常会给他人带来损失或使他人预期利益受损。例如，如果父母的财产因犯罪被没收了，无辜的孩子们也会变得贫穷。如果被告违反保释规定，保证人就要交罚金——不是出于他自己的罪行，而是事出凑巧，他要承担责任。

第十四章　论名誉 163

1. 一般来讲，名誉是指人们在共同体生活中所获得的价值评价。可以通过名誉对人们进行比较评判，进而得出孰优孰劣的结论。

2. 名誉可以分为普通名誉（simple reputation）和特殊名誉（intensive reputation）。生活在自然自由状态中的人和生活在政治状态中的人都享有这两种名誉。

3. 生活在自然自由状态中的人们所享有的普通名誉主要是指个人对自己和自然法对个人所做出的如下评价：可以被当做一个好人，并适合与他人一起生活。

4. 只要一个人不通过恶意粗暴的行为刻意地违反自然法中与他人相处的条款，他的普通名誉就是完好无损的。因此，只要未发现反面事例，任何人都被认为是好人。

5. 普通名誉会因犯有与自然法相违背的恶意粗暴犯罪而降低。结果是人们需要谨慎地与此人交往。但是，这种污点可以通过自愿赔偿损失或诚心悔悟而得到清除。

6. 同样地，下述生活方式会将一个人的名誉完全毁掉：只以不分青红皂白地伤害他人为目标，只想靠公然地犯罪而谋利。所有受过此类恶行影响的人都可以将这种人（只要他们没有悔改的迹

象)视为公敌。然而,在赔偿损失或取得谅解之后,他们可以通过
164 改变邪恶的生活方式、从事有意义的事业等方式修复自己的名誉。

7. 在国家之中,公民的普通名誉并不是由国家的法律或习俗授予的,它是依公民特定的身份地位而定的。

8. 纯粹名誉的缺失可能是由于特定的身份,也可能是由于犯罪。

由身份引起的普通名誉的缺失有以下两种情形:该身份本身并没有什么可耻之处;该身份伴随着道德败坏或者给人的感觉是与道德败坏相连的。前一种情形发生在某些奴隶制国家,在那里奴隶没有任何地位。皮条客和妓女就属于后一种情形。与之类似的还有:该种职业确实享受着公共保护(从它被公众所容忍这一层面上讲),但是其从业者却不能算是诚信之人。下列情形亦复如此:职业自身并不邪恶,但是从业者却是肮脏而下贱的。

9. 普通名誉的完全丧失也可能是由犯罪引起的:犯罪人可能会被市民法贴上臭名昭著的标签;他也可能会被处死,遭人唾弃;他也可能会被流放;或者虽被允许留在国家之中但却成为默默无闻、令人生厌的角色。

10. 很明显,不能用主权者专断的判决剥夺人的普通名誉或自然诚实。因为无论怎样,都不能认为赋予主权者这一权力是符合国家利益的。类似地,如果一个人只是以执法官的身份执行法律,他也很难真正剥夺他人的名誉。

11. 特殊名誉是使人出人头地(尽管在普通名誉的享有上他和其他人是一样的)的名誉。某些人享有这一名誉是因为他们具有别人所不具备的特质,正是这些特质为他们赢得了尊重。这种尊

重表明了我们对他人优异品质的认可。

12. 生活在自然自由状态中的人和生活在同一个国家中的公民都享有特殊名誉。我们必须考察此种名誉的两个不同的基础，即：在什么情况下人们可以期待获得他人的尊重；在什么情况下人们有权利(严格意义上的)要求他人给予应有的尊重。

13. 一般来讲，任何很完美、很优异的特质，只要它们的后果与 165
自然法和国家法的目标相一致，都可以成为特殊名誉的基础，比如：能掌握多种技艺与学科知识的智力和能力；对事务敏锐的判断力；不被外界事务动摇和超脱于诱惑和威胁、花言巧语、美色、好运、杰出成就等的坚强定力。

14. 然而，所有这些能力，只是一种从他人那里获得荣誉和尊重的不全性权利和资质。所以，在他人值得尊敬的情况下拒绝给予其尊敬并不违法，只是有些不人道和“不文明”而已。从他人那里获得荣誉或荣誉标识的完全性权利的渊源有：权利人对他人享有的权威；权利人与他人订立的协议；共同上司制定或认可的法律。

15. 在君主之间和独立的民族之间，可以带来崇敬和尊荣的事实有：王朝历史的悠久性；统治地域的范围、财富与势力；统治者在王朝中所享有的权力的性质以及头衔的堂皇程度。但是这些事实本身并不能产生要求其他国王或民族给予自己尊荣的完全性权利，除非另有协议约定或他们自愿给予。

16. 主权者享有授予公民尊贵等级的特权。但是，他在行使此项权利的时候应当考虑每个人的优秀程度以及其为国家服务的能力。不管授予了公民何种尊贵等级，他都必须对它给予保护，使其不致遭受其他公民的侵害。他本人也不应对它进行侵害。

166 # 第十五章　论主权权威对国内财产享有的权力

1.如果财产是公民从国家那儿得来的，那么他们的财产权就依赖于主权者的决断。与之不同的是，公民通过自己劳动或其他方式所获得的完全所有权只受制于国家的三种基本权利。这三种权利来源于国家的本性，也是为实现国家目的所必需的。

2.第一种权利是：主权者可以制定法律要求公民财产权的行使与国家利益相协调；界定所有权的限度和本质、财产转让的方式以及其他相关事项。

3.第二种权利是：主权者可以以税收或贡赋的形式征收公民的一部分财产。因为公民的生命和财产安全是由国家来保护的，所以让他们承担为达这一目的而必需的花费也是恰当的。只想享受国家提供的保护和便利，却不愿意为国家安全提供任何服务或财产，这是极其不道德的。与此同时，谨慎的统治者是明智的，他们会考虑一般民众的忿恨，尽量在收税的时候最小程度地侵犯公民利益，在这一过程中坚持公平原则，并采用适中、灵活而非过度、僵化的税率。

4.第三种权利只适用于特殊领域，即在国家出现紧急情况的时候，为应对危机，即使被征财产远远超过了臣民在一般情况下依法应承担的税负数额，主权者也可以将任何臣民的财产收归公用。但是，也正是基于这一原因，国家应尽可能地通过国库拨付或向其他公民征税的方式偿还多征收的部分。

5. 除了这三种权利外，在很多国家还存在一种特殊的公共财产，这种财产通常以国家财产或国王世袭财产的名义存在。在很多地方，这种财产又被分为君主的世袭财产和国家的世袭财产，或私人财产和国库财产。前者是为了满足君主及其家庭的需要，后者是为了满足王国的公共需求。君主对前一类型的财产享有用益权，并可以按个人意愿对财产收益进行处分。而对于后一类型的财产，统治者只是处在一个管理者的位置上，并且他应当根据财产设定的目的利用财产，未经人民许可不得转移。

6. 如果王国不是君主的世袭财产，那么他便不能在未经人民同意的情况下分割全部或部分国土；没有居住在其上的国民的同意，不可以分割该部分国土。相应地，如果没有国家的同意，也不可以将该国的一部分领土分割出去，除非迫于外敌入侵的压力，没有其他办法可以自保。

168

第十六章　论战争与和平

1. 根据自然法，一个人应当通过自愿履行义务来实现与他人和平相处。事实上和平本身是人类特有的一种状态，正因为这一点，人才与动物区分开来。尽管如此，对人类来讲，战争有时也是被允许的，甚或是必需的。比如，如果我们受到他人的恶意攻击，不使用武力便无法保护自己的财产与权利。但是，在这种情况下，理性和人道劝告我们，如果对侵犯我们的行为进行控诉给我们带来的灾祸将比好处多，我们最好不要诉诸武力。

2. 从事战争的正当理由是：抵抗不正当攻击，保卫我们的生命和财产；夺回那些本该属于我们而被别人霸占拒绝归还的财产；获取侵害赔偿，确保将来的安全。根据第一种原因而发起的战争是防御性的，因其他原因而发动的战争则是进攻性的。

3. 一个人不能一觉得自己受到了侵犯就立即诉诸武力，在对错或是非仍不确定的时候更是如此。他应当通过多种方式寻求友好地解决问题的可能性。比如，通过当事人之间的协商，通过仲裁，或通过抓阄。原告尤其有义务尝试和平方法，因为在任何情况下都存在偏向有权占有的倾向。

4. 不正当的战争理由要么是公然地昭之于众，要么是找一些似是而非的借口（不管它是多么地脆弱）。公开的不正当理由有两

种:贪欲和野心,即贪求财富和权力。似是而非的理由则有很多, 169
它们包括:对邻国财富和权威的惧怕;不正当的扩张;渴求更好的领土;拒绝偿还简单明了的欠款;某物现在的占有人太愚蠢;想取消他人已经取得的合法权利,该项权利令侵略者本人感到相当的不方便;诸如此类等等。

5. 在战争中,最恰当的行为方式就是暴力和恐怖。但是,只要不违背自己的诺言,每个人都可以使用欺骗的手段来对付敌人。因此,一个人可以用虚假的陈述或虚构的故事来欺骗敌人,但绝对不能用承诺或协议达到同一目的。

6. 关于在战争中用来对付敌人及其财产的暴力,我们应当区分哪些痛苦是敌人应当遭受的(施加这些痛苦不算违法),哪些痛苦是我们在不违背人道原则的前提下可以施加的。如果某人声称与我为敌,那就表明他想对我施加最严厉的痛苦,也意味着他将在自己的权限范围内授予我无限制的反抗权。但是,人道主义要求我们,只要有可能,在战争当中,我们对敌方施加的痛苦应当以满足下列需求为限:保卫自己的权利,并确保其在将来不致遭到侵害。

7. 战争通常有两种形式:宣战的和不宣而战的。宣战必须具备两个条件:首先,它由双方的主权者发动;其次,必须经过宣战才开始。不经宣战的战争要么是未经过正式宣告而开始的战争,要么是针对私人个体发动的战争。内战也属于这一类型。

8. 在一个国家中,发动战争的权利属于统治者。如果没有统治者的授权,单个政府官员无权行使此项权利,即使该官员认为如果主权者被建议的话将会发动战争也不行。但是,负责一个省或防区、有权指挥武装力量的官员，根据其职位性质，有义务竭尽全力将入侵的敌人赶出辖区。然而，如果没有特别重大的原因，他们不能擅自将战场转移到敌人的领土上。

9. 生活在自然自由状态中的人只可能因自己的不法行为卷入战争。但在政治社会中，国家的统治者或者整个国家都经常会遭
170 到袭击，即使统治者或国家并不是不法行为者。但这也是有正当性的，因为从本质上讲，不法行为总可以某种方式归咎给统治者。事实上，如果统治者纵容犯罪或提供避难，他就确实分担了常住居民或避难者的不法行为。只有在统治者知道臣民的罪行并有能力阻止它的情况下，此类纵容才是应受谴责的。通常认为，统治者可以掌握公民公开的和习惯性的行为，并有能力阻止它们，除非有明显的证据表明他缺乏这种能力。但是，和一个接受并保护罪犯（只是为逃避惩罚而向统治者寻求庇护）的统治者开战的权利更多的是来自于和邻国、盟国签订的协议而不是普遍义务。然而，如果该难民在避难国同时又计划危害他所离开的国家，情况就不一样了。

10. 以下观点得到了各国的普遍同意：可以用公民的财物偿还国家债务或国家不正当地予以没收的东西。因此，外国债权人可以没收任何在他们国内发现的债务国公民的财物。但是，在这种情况下，财物被没收的公民可以从实际债务人那儿获得追偿。这样一种严格的追索被认为是一种报复，因而通常也是战争的前奏。

11. 一个人可能会为了他人利益（就像为自己利益那样）而发动战争。只要被帮助方有正当的理由，并且给予援助的一方也有合理的理由为了他的利益而针对第三方采取敌对措施，那么这就

是正当的。

如果不会因此使国家遭受明显的更大灾难的话，我们可以帮助并应当帮助的人首先是我们的臣民（作为整体也好作为个体也好）。其次是我们的盟友，我们与之签订的条约中包含了这一条款。但是，如果我们的臣民同时也需要帮助的话，盟友就应当靠后。因为他们有正当的参战理由，对战争应采取谨慎的态度。下一顺位的援助对象是我们的朋友，即使事先并没有作出特别的承诺。最后，如果不存在其他理由，仅因为种族关系我们也应当尽量 171
帮助陷入困境并发出求助请求之人自卫。

12. 在战争中，一个人所进行的屠杀、浪费和抢夺财物行为偏离了人道主义要求不管有多远，只要各国认为它们并不是十恶不赦的，诚实之人也难免如此行为，那么这些行为就是在允许的限度之内。但是，更文明的文明国家会谴责这么几种给敌人施加痛苦的手段，例如，使用毒药，或者利用他国的公民或士兵去暗杀他们的统治者。

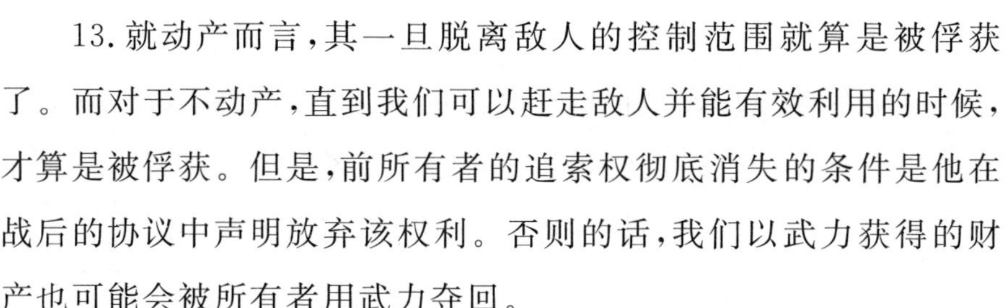

13. 就动产而言，其一旦脱离敌人的控制范围就算是被俘获了。而对于不动产，直到我们可以赶走敌人并能有效利用的时候，才算是被俘获。但是，前所有者的追索权彻底消失的条件是他在战后的协议中声明放弃该权利。否则的话，我们以武力获得的财产也可能会被所有者用武力夺回。

战士是凭借国家的授权来参战的，所以他们从敌人那里夺取的财产应当交归国家，而不能留归个人。但是，对于动产，尤其是那些价值不大的动产，心照不宣的通常做法是将它们留给获取它们的战士:或者是作为一种奖励,或者是作为报酬的替代物,或者是激励人们奋战沙场。

如果被俘获的财产又从敌方夺了回来,不动产应被归还给它先前的所有者。动产也应当如此,但是大部分国家都将它们作为战利品留给战士。

14. 对被征服民族和个人的统治也是靠战争赢得的。被征服者必须发誓忠诚于胜利者,胜利者也应当放弃对被征服者的敌意和憎恨。只有这样,征服者的统治才可以合法化,才可以约束臣民的良心。

15. 通过停战协议,战争可以暂停。停战协议是规定在一定时期内停止战争行为的一种协议,它并不意味着战争的终结,也不是要解决引起战争的争端。当休战期限结束时,战争状态自动恢复,无需重新宣战,除非在此期间双方达成了和平协议。

16. 停战协议可以分为两种:一种协议约定军队仍然停留在战场上,双方战备依然(这种停战协议的时间是相当短的);另一种协
172 议约定双方都要削减战备。后者的停战时间一般会比较长,并且也是常见的停战形式。它们看上去也像完全的和平状态,有时候甚至因为存在一个确定的和平期间而被看做是一种和平。与之不同的是,和平是永久性的,将其永久化是为了将那些引起战争的纠纷搁置在一旁。通常所称的默示停战协议不产生义务,在那种情况下双方当事人保持沉默是出于自己的决断,他们可以在任何时候重新启动战争。

17. 只有在双方统治者都批准和平协议的时候战争才算绝对

结束。和平协议的双方当事人必须界定清楚协议的条款和条件，他们享有同等的义务使其在约定的时间内生效，并应诚实地遵守协议。为保证这一切得以实现，通常要求当事人立誓或提供抵押，或者是由第三方（特别是参与了和平协议制定过程的第三方）承担确保遵守条约的义务：承诺向因对方违背和平条款而遭受损失的一方提供帮助。

173 # 第十七章　论条约[①]

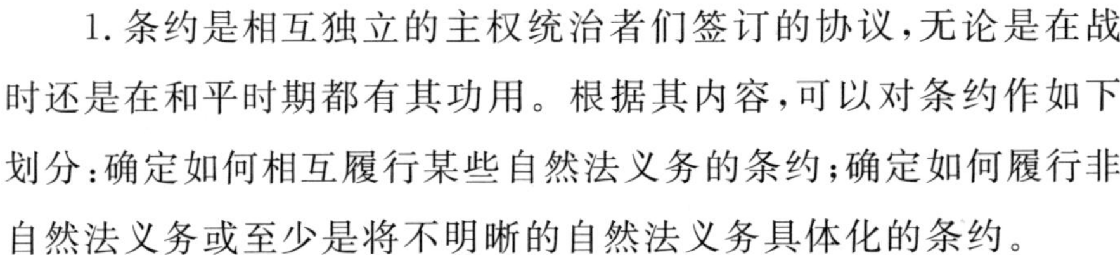

1.条约是相互独立的主权统治者们签订的协议，无论是在战时还是在和平时期都有其功用。根据其内容，可以对条约作如下划分：确定如何相互履行某些自然法义务的条约；确定如何履行非自然法义务或至少是将不明晰的自然法义务具体化的条约。

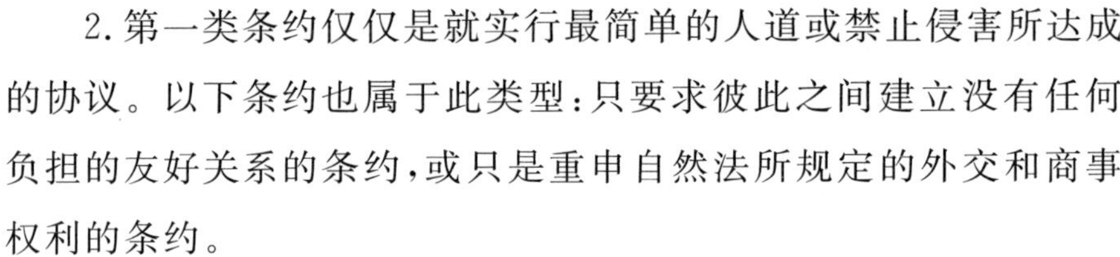

2.第一类条约仅仅是就实行最简单的人道或禁止侵害所达成的协议。以下条约也属于此类型：只要求彼此之间建立没有任何负担的友好关系的条约，或只是重申自然法所规定的外交和商事权利的条约。

3.第二类条约要么是平等条约，要么是不平等条约。平等条约对双方当事人的要求是一样的。它既包括双方承诺内容的平等性（或者是简单的平等，或者是考虑到力量差异的平等），也包括承诺形式的平等性。这就使得双方当事人地位平等，互不隶属。

4.如果条约双方承诺的履行义务是不平等的或者一方的地位低于另一方，那么条约就是不平等的。不平等条款要么是由较强的缔约方制定的，要么是由较弱的缔约方制定的。第一种情况是
174 指强势方承诺无偿给另一方提供帮助或者承诺比另一方承担更多

① 或"论联盟"（*De Foederibus*）。

的义务。后一种情况是指弱势方被迫承担比回报多得多的义务。

5. 条约的弱势方承担的某些义务意味着部分主权的丧失。例如，条约规定：弱势方如未征得强势方的同意则不能行使某些主权。但是，某些条约义务虽然给弱势方施加了一些临时性的、可以一次性完全履行的负担，但并不意味着主权的丧失。比如：根据和平条约的规定替对方负担军费；赔偿军费损失；支付一定数额的赔偿金；毁掉城防；提供抵押；交出船舶、武器等等。事实上，甚至还存在一些不致丧失主权的长期负担。例如：承诺与对方同友同敌的单方性义务；承诺不在某些地点建筑防御工事或不在某些地域航行等等。类似情况还有：某个盟友被要求礼让其盟国的君主，或给予他尊重并谨慎地顺从他的意志。

6. 不管是平等条约还是不平等条约，签约的理由都有很多种。在所有这些理由当中，希望在多个国家之间形成永久性联盟这一理由将会产生最紧密的条约关系。但是，以战争（侵略性战争或自卫性战争）互助或规范商业为目的的条约是最常见的。

7. 条约也经常被分为非人格性条约和人格性条约。人格性条约是统治者以个人名义签订的，其效力至统治者死亡时终止。非人格性条约不是以统治者个人名义而是以国家名义签订的，所以即使签订条约的人死亡，条约仍然是有效的。

8. 与条约相关联的是原则性（principle，*sponsiones*）协议。它是指由官员达成的与主权有关但未经主权者授权的协议。主权者不受这些协议的约束，除非他事后予以追认。因此，如果某官员签订了一个完全有效的协议但却没有得到主权者的事后追认，那么它有责任向将那些相信他的话并被无效协议欺骗的人进行赔偿。

175 # 第十八章　论公民的义务

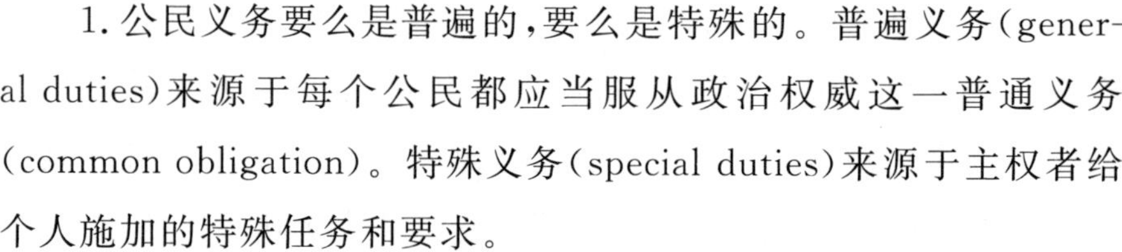

1.公民义务要么是普遍的,要么是特殊的。普遍义务(general duties)来源于每个公民都应当服从政治权威这一普通义务(common obligation)。特殊义务(special duties)来源于主权者给个人施加的特殊任务和要求。

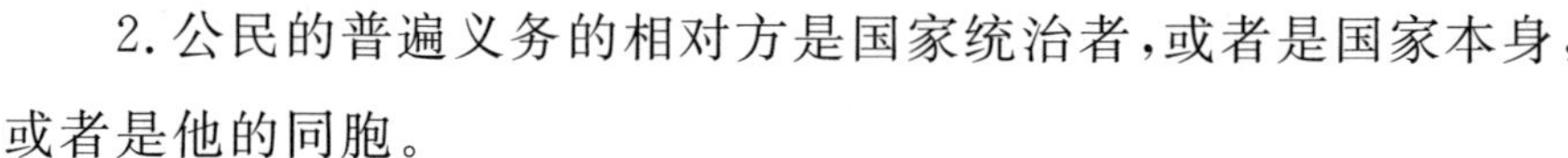

2.公民的普遍义务的相对方是国家统治者,或者是国家本身,或者是他的同胞。

3.公民应当对国家的统治者给予尊重、忠诚和服从。这就要求他:要安守本分,不要有革命思想;不要和他国统治者保持过于亲密的关系,也不要对他们表示出崇敬和尊重之情。在思想和言语上,公民应当尊敬自己的统治者并拥护他们的行为。

4.概言之,一个好公民对国家的义务就是:将国家的安全和稳定作为最大的牵挂;为了保护国家安全,情愿献出自己的生命和财富;奉献出自己所有的智慧和勤劳来为国家增添荣耀,促进其繁荣。

5.公民对其同胞的义务是:与之和平友好地相处;谦恭有礼,乐于助人;不要因顽固和难以相处而引起麻烦;不要觊觎和偷盗他人的财产。

6.特殊义务要么是不特定的与整个国家有关,要么是仅仅与国家的一部分有关。以下是对所有情形都适用的一般规则：不应当接受或履行任何自己不适合承担的公共义务。

7. 那些向国家统治者提供咨询帮助的人应当密切关注国家的 176
每一个角落；只要是对国家有利的事情，就应当娴熟地、真诚地提出谏言，不应有所畏惧或偏袒；所有的谏言都应以国家福利为目的，不应计较个人财富和权利；不应靠谄媚鼓励君主的邪恶嗜好；必须避免结成非法的党派或集团；不能藏匿应当公开的信息，也不能传播应当保密的信息；应当抵御外国人的腐蚀；应当把公共事务放在个人事务和个人嗜好之上。

8. 公开任命的宗教官员应当虔诚、谨慎地履行其义务。在崇拜神灵之时，他们应当宣讲真正的信条。他们应当成为人们遵行信条的看得见的榜样。他们不能因为自身的道德缺陷而贬低他们职位的价值或削弱他们所教导的信条的影响力。

9. 那些在各教育机构中负有教导责任的人不能教给人们一些虚假的或有害的东西。他们应采用这样的教导真理的方式：学生相信真理更多的不是因为他们经常听到它们，而是因为他们已经理解了真理的坚实基础。他们不应当宣扬那些会扰乱政治社会的信条。他们应当坚信，那些对人类和政治生活毫无用处的知识是无价值的。

10. 司法官员应当是非常容易接近的。他们应当保护普通公民，使其免遭权贵的迫害。他们应当将正义平等地给予所有的人，不管该人又穷又贱还是有权有势。他们不能超出必需的限度拖延案件。他们不应收受贿赂。他们在审理案件时必须勤勉，并应抛弃可能影响判决公正性的任何偏见。他们在践行正义的时候不要畏惧任何人。

11. 那些受委托领导武装力量的人应当按时认真训练士兵，并使他们习惯于严酷的军队生活；应努力保持军纪严明。不要轻率地暴露自己的士兵，使其遭受敌人的屠杀。如果能够做到，就要及时地发放军饷和物资，不得挪用或盗用。必须确保军队对自己国家的忠诚，不与士兵共谋反对自己的国家。

12. 就士兵而言，他们必须对自己的饷银感到满意；不要掠夺和骚扰平民；愉快而充满激情地履行自己保卫祖国的任务；不要轻率地冒险，也不要畏缩逃避；要勇敢地抗击敌人，不要伤害自己的同志。宁愿选择有尊严地死去，也不要为保存自己的性命而临阵脱逃。

13. 那些因为国家事务而被派遣到国外的公民应当谨慎和小心；保持精明的头脑以区分有用的信息和无用的信息、真实的信息和捏造的信息；要绝对保守秘密；要抵御一切腐蚀，坚守本国利益。

14. 那些负责征收和使用国家税收收入的人应避免不必要的粗暴；不能为了个人利益而施加额外的负担；不能恶意骚扰民众；不要挪用公用资金；应及时向有正当请求的人支付资金，避免不必要的拖延。

15. 公民的特殊义务将会一直存在，只要该公民仍处在引起该义务的职位之上；如果该公民离开了该职位，那么这些义务也随之消逝。而普遍义务则会一直存在，只要义务主体仍然是公民。

如果出现以下情况，公民身份就会终止：在国家明示或默示的同意下，离开自己的国家到其他地方定居；因犯罪被流放并被剥夺公民权利；被敌人打败，并被强迫向胜利者屈服。

附录一：普芬道夫主要作品及其缩写

1. *EJU* *Elementorum jurisprudentiae universalis libri duo. Elements of universal jurisprudence in two books*. 1660.
《普遍法学的要素(两卷)》

2. *DRGP* *De rebus gestis Philippi Amyntai filio. On the history of Philip of Macedon*. 1663. (In *DAS*)
《马其顿的菲利普王史》(在 *DAS* 中)

3. *DSI* *De statu imperii Germanici. On the Consititution of the German Empire by* Severinus de Monzambano (Pufendorf). 1667.
《德意志帝国宪法》(普芬道夫化名 Severinus de Monzambano)

4. *DJN* *De jure naturae et gentium libri octo. On the law of nature and nations in eight books*. 1672.
《自然法和国家法(八卷)》

5. *DOH* *De officio hominis et civis juxta legem naturalem libri duo. On the duty of man and citizen according to natural law in two books*. 1673.

《人和公民的自然法义务(两卷)》

6. *DAS* *Dissertationes academicae selectiores*. *Select scholarly essays*. 1675.

《学术文选》

7. *SC* *Specimen controversiarum*. *A simple of controversies*. 1677. Contains *De origine et progressu disciplinae juris naturalis*. *On the origin and progress of the discipline of natural law*. (In *ES*).

《争鸣个案》,其中收录《论自然法科学的起源和发展》(收录在 *ES* 中)

8. *HUP* *Historische und politische Beschreibung der geistlichen Monarchie des Stuhls zu Rom*. *A historical and political description of the spiritual monarchy of Rome*. By Basilius Hyperta (*Pufendorf*). 1679. (In *EZDH*)

《对罗马君主制的历史描述和政治描述》(普芬道夫化名 Basilium Hyperta)(收录在 *EZDH* 中)

9. *EZDH* *Einleitung zu der Historie der vornehmsten Reiche und Staaten so itziger Zeit in Europa sich befinden*. *Introduction to the history of the principal realms and states as they currently exist in Europe*. 1682—1686.

《欧洲现存主要地区和国家的历史导论》

10. *ES* *Eris Scandica*, *qua adversus libros de jure naturali et*

gentium objecta diluuntur. Scandinavian polemics, in which the objections against the book on the law of nature and nations are dissolved. 1686. (Contains SC)

《斯堪的纳维亚驳斥:〈自然法和国家法〉之反对意见的破产》(收录在 SC 中)

11. *CRS* *Commentariorum de rebus Suecicis libri* XXVI *ab expeditione Gustavi Adolphi in Germaniam ad abdicationem usque Christinae*. 1686. Tr. with *DRC* as *The compleat history of Sweden, two volumes*. 1702.

与 *DRC* 一起被译成《瑞典精史》(两卷)

12. *DHR* *De habitu religionis christianae ad vitam civilem. On the nature of religion in relation to civil life*. 1687.

《从政治生活出发论宗教的本质》

13. *DRF* *De rebus Friderici Wihelmi Magni Electoris Brandenburgici commentariorum libri* XIX. *On the History of the Great Elector, Friderick William of Brandenburg, in* 19 *books*. 1692.

《勃兰登堡大选帝侯弗里德里希·威廉史(十九卷)》

14. *JFD* *Jus feciale divinum sive de consensu et dissensu protestantium exercitatio posthuma. The law of covenants, or on the consensus and dissensus among protestants*. 1695.

《立约之法,或曰新教徒的共识与分歧》

15. *DRC* *De rebus a Carolo Gustavo Suciae rege gestis commen-*

tariorum libri Ⅶ. 1696. Tr. with *CRS* as *The compleat history of Sweden, two volumes*. 1702.

与 *CRS* 一起被译成《瑞典精史》(两卷)

16. *DRGF* *De rebus gestis Friderici* Ⅲ *Electoris Brandenburgici*. *On the history of Frederick* Ⅲ, *Elector of Brandenburg*. 1784.

《勃兰登堡大选帝侯弗里德里希·威廉三世史》

附录二：普芬道夫生平著作年表

1632年1月8日出生在萨克森邦艾尔格博格区(Erzgebirge region of Saxony)费奥教区(Parish of Fiohe)泰尔汉姆镇道茨尼兹村(village of Dorchemnitz bei Thalheim)。

1650年进入莱比锡(Leipzig)大学学习路德神学，在六年的寄宿生活中，发展了对人文、自然科学和法学的兴趣，提交了关于古宪法和国家起源的文章(Döring 1988)。

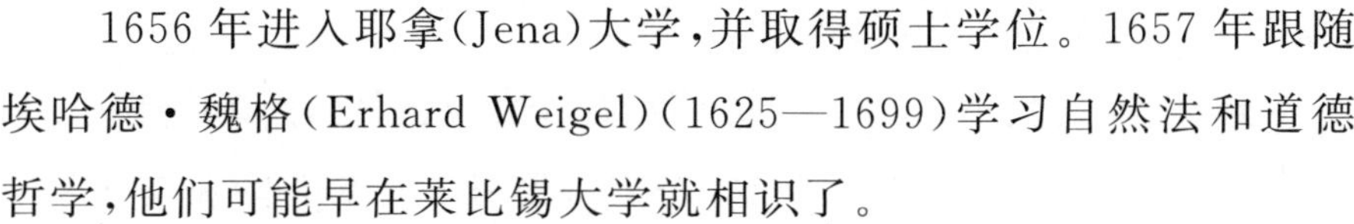

1656年进入耶拿(Jena)大学，并取得硕士学位。1657年跟随埃哈德·魏格(Erhard Weigel)(1625—1699)学习自然法和道德哲学，他们可能早在莱比锡大学就相识了。

1658年在哥本哈根做瑞典公使彼得·尤利乌斯·科耶特(Peter Julius Copyet)的家庭教师。因瑞典和丹麦的战争入狱，在狱中写作他的第一部自然法著作《普遍法学的要素》(*EJU*)。

1659年与科耶特一家迁至荷兰，由胡果·格老秀斯(Hugo Grotius)的儿子彼得·德·格罗特(Peter de Groot)推荐给巴列丁奈特(Palatinate)的选帝侯卡尔·路德维希(Karl Ludwig)。他把*EJU*题献给了卡尔·路德维希(1660年出版)。

1661年海德堡(Heidelberg)大学法学院拒绝了他做宪法学教授的请求。由卡尔·路德维希提议，他接受了哲学系的国际法和哲学(后更名为自然法和国际法)副教授职位。

1663 年研究马其顿的菲利普王,著《马其顿的菲利普王史》(*DRGP*)(在 *DAS* 中出版)。

1664 年写作备受争议的《德意志帝国宪法》(*DSI*)。他对德意志帝国宪法的分析受到了广泛的批评,德国的大学禁止该书的出版,教皇也对他进行了严厉的谴责。

1670 年由瑞典国王查尔斯十一世(Charles Ⅺ)(1660—1697)提议,接受了隆德(Lund)大学法学院自然法和国际法的全职教授之职。

1672 年出版了他最主要的自然法哲学著作《自然法和国家法》(*DJN*),题献给查尔斯十一世。

1673 年出版了 *DJN* 的精简本《人和公民的自然法义务》(*DOH*),题献给隆德大学校长。

1675 年出版了《学术文选》(*DAS*),回应批评,澄清其理论。

1677 年出版了《争鸣个案》(*SC*),著述《斯堪的纳维亚驳斥》(*ES*)(该书直到 1686 年才出版),进一步回应其批评者,澄清自己的理论。

1677 年在丹麦军队攻占隆德后迁至斯德哥尔摩,开始其给查尔斯十一世做私人咨议员、国王秘书和皇室历史学家的生涯。

1679 年以笔名 Basilius Hyperta 出版了《对罗马君主制的历史描述和政治描述》(*HUP*)(收录在 *EZDH* 中),抨击基督教会史,主张主权。

1682 年出版了其百科全书式的比较政治学和国际关系著作《欧洲现存主要地区和国家的历史导论》(*EZDH*),对欧洲诸国的利益和实力进行了比较分析。他在斯德哥尔摩期间还撰写了两部关于当代瑞典史的作品。

1687 年出版了论国家和教会关系的著作《从政治生活出发论宗教的本质》(*DHR*)，以回应 1685 年南特敕令(Edict of Nantes)的废止，并将其题献给新教欧洲的领导人、勃兰登堡-普鲁士(Brandenburg-Prussia)的大选帝侯弗里德里希・威廉(Fredirick William)一世(1640—1688)。

1688 年迁至柏林，开始其宫廷历史学家和私人咨议员和司法咨议员的生涯(先是为弗里德里希・威廉一世，其后是为他的儿子普鲁士的弗里德里希三世(1688—1713))。

1689 年开始为新雇用他的两位君主作史，在给弗里德里希三世所作的传记中含有对英国光荣革命的评论，并在《立约之法，或曰新教徒的共识与分歧》(*JFD*，1695 年出版)中阐述了他对新教欧洲的看法。

1694 年春天游历瑞典，出版查尔斯十世史，并从查尔斯十一世那里接受了爵位。在 10 月 26 日前往德国的航海归程中去世。

译 后 记

17世纪是欧洲从古代社会向现代社会转型的枢纽时代。那是人类文化极其辉煌的一个时代,大师云集、群星璀璨。在此之前的两个世纪里,随着新大陆和新航线的发现,欧洲发生了翻天覆地的变化。这种变化主要沿着两个方向展开:一方面是欧洲秩序逐步得到重建,并开始向外殖民扩张,欧洲人的活动空间急剧扩大;另一方面是随着希腊—罗马古代世界文明的发现,精神活力复苏了,新思潮、新创造不断涌现。启蒙之花就是在此基础之上的绚烂绽放。在此意义上讲,启蒙实际上就是对新秩序的心灵关照。启蒙对神与人之间、人与人之间、政治体之间以及人与政治体之间关系的处理就集中反映了这一核心问题。从政法哲学视角观之,启蒙对新秩序的这些原创性思考为其后几个世纪的政法理论设定了基本的思维框架,从而为现代社会的政治秩序奠定了思想根基。这一智识资源体系是由一系列伟大人物铸就的,比如格老秀斯、霍布斯、洛克、普芬道夫、莱布尼茨等。在这其中,普芬道夫功不可没。

提及现代早期的政法哲学,特别是自然法哲学,就必然要提到普芬道夫。普芬道夫是欧陆第一位自然法讲席教授,是《普遍法学要素》、《自然法和万民法》等一系列启蒙政法著作的作者。他上承格老秀斯、霍布斯，下启洛克、莱布尼茨，是现代早期政法理论发展进程中的关键人物。他曾长期服务于君主统治者，是早期欧陆开明专制的精神导师。在17、18世纪，普芬道夫的理论是最具影响力的自然法哲学。欧洲上层达官贵人大多以阅读普芬道夫为乐，一时之间，是否阅读普芬道夫成了有无文化涵养的标识。旧沙俄的伟大革新者彼得大帝在征战之余喜欢阅读的书就包括普芬道夫的著作，很多俄国贵妇也把普芬道夫的著作作为枕边书。普芬道夫的著作在当时流行的程度由此可见一斑。著作的广泛流传和为统治者的长期服务反映了普芬道夫的才智和贡献，也为其赢得了声誉。他的作品因此被认为是现代国家中心式政治实践的哲学表达，在现代早期欧洲政治法律思想史中占据着核心地位。

《人和公民的自然法义务》是普芬道夫经典名著《自然法和万民法》(*On the law of nature and nations*)的精简本。该书虽然简练，理论线条也略显粗犷，但还是把普芬道夫自然法理论的全貌展现出来了。普芬道夫虽久负盛名，然其著作长期没有汉译本，实为憾事。商务印书馆将笔者翻译的这个本子出版，弥补了这一缺憾。

本书是普芬道夫用拉丁文写就，后被翻译成英文。本译本是从英文本转译而来，用的是剑桥政治思想史系列教科书中的英文本，也是英语世界最新的版本。同时，该书在翻译过程中也参考了旧有的牛津译本(1934年版)，极个别地方(主权与政治权威的表述)参考了拉丁文本。

本译本初版时放在“法意译丛”中，此次收入汉译世界学术名著丛书，只是个别地方修订，并非完全修正。修订虽然结束，但不代表翻译谬误或表述不当之处就没有了。一来译者学术修为有限，二来译者不谙拉丁语，无法对照拉丁文本矫正。还请读者多担待、宽容。如蒙不厌，欢迎提出进一步修订意见。

翻译虽说是个体劳动，但本书翻译历时三载，再加上此次修订，劳动了译者的诸多师友。这使得本书的翻译近乎成了一种集体劳动。所以，我要对诸多帮助过我的师友表示感谢。感谢北大李猛老师、社科院支振锋博士对本书修订所提的专业意见，感谢黄涛、江兴景、孟涛、王涛、李强、张国旺、余月嵘等诸位学友的帮助。感谢商务印书馆陈小文主任、马冬梅女士在选题、编辑过程中所费的心力，若不是他们的慧眼，本书根本不可能入选。特别感谢王晨光、胡平仁、胡旭晟、赵明四位先生，他们是我的授业恩师和学术道路引路人，对书稿的校对也倾注了心血。我的妻子夏骄阳是我学术道路的无私支持者，还帮我校对了大部分书稿，也向她表示感谢。

译文与作文同，皆需交流与批评。欢迎读者诸君提出宝贵意见。

庚寅年秋　于清华园

（西元 2010 年）

图书在版编目(CIP)数据

人和公民的自然法义务/(德)塞缪尔·普芬道夫著;鞠成伟译.—北京:商务印书馆,2017
(汉译世界学术名著丛书:120年纪念版:珍藏本)
ISBN 978-7-100-14492-6

Ⅰ.①人… Ⅱ.①塞… ②鞠… Ⅲ.①自然法学派—研究 Ⅳ.①D909.1

中国版本图书馆CIP数据核字(2017)第154115号

汉译世界学术名著丛书
(120年纪念版·珍藏本)
人和公民的自然法义务
〔德〕塞缪尔·普芬道夫 著
鞠成伟 译

商 务 印 书 馆 出 版
(北京王府井大街36号 邮政编码100710)
商 务 印 书 馆 发 行
北京新华印刷有限公司印刷
ISBN 978-7-100-14492-6

2017年12月第1版 开本710×1000 1/16
2017年12月北京第1次印刷 印张15¾
定价:78.00元